AF296225

TROISIESME LIVRE DES PRECEPTES

DV SIEVR DE LA BROVE,

TRAICTANS DES MOYENS PROPRES A BIEN EMBOVCHER LE CHEVAL.

A PARIS,

Chez **CHARLES DV MESNIL**, ruë S. Iacques
à la Samaritaine, proche les Mathurins.

M. DC. XLVI.

AVEC PRIVILEGE DV ROY.

A MONSEIGNEVR LE
BARON DE BELLE-GARDE
GRAND ESCVYER DE FRANCE.

ONSEIGNEVR,

Ie ne fais nul doute que vous n'ayez souuent ouy dire, qu'en mes plus vertes années, i'ay beaucoup trauaillé à plusieurs exercices qui me sembloient propres à l'homme bien né, & principalement à celuy de la carriere: A quoy ie n'ay pas eu moins d'inclination, qu'aux autres occupations, que i'ay plus affectionnees que les biens de fortune, & que ma santé: comme il paroist par le peu de moyens que i'ay acquis; & en l'indisposition de ma personne, qui ne me permet plus de monstrer par effect le profit que ma curiosité, & mes peines extremes m'auoient apporté: Ce qui est cause qu'aucuns de mes plus chers amis, voyans desia ma vigueur presque du tout consommée, m'ont long temps y a prié & solicité, de mettre par escrit l'ordre & les reigles generales, que i'ay tenu en exerçant les cheuaux d'escole: ce que ie ne leur auois osé accorder, me sentant despourueu de discours, & de stile propre pour bien expliquer mes conceptions par escrit, n'ayant iamais estudié, ny gueres leu que dedans mes heures. Toutesfois i'ay depuis consideré qu'ils pourroient conceuoir en leurs opinions, que mon refus procederoit de quelque defaut d'amitié: & pour preuenir ceste impression, i'ay voulu employer à leur contentement le loisir, qui s'est aucunesfois presenté, à bastir, comme i'ay peu, vn œuure mal poly, lequel neantmoins m'a semblé aucunement receuable entre les Caualiers. Or (Monseigneur) ie vous en ay dedié ce troisiesme Liure, comme à l'vn des plus accomplis Seigneurs de ce Royaume, qui en sçaura tres-bien iuger, & aussi pour vous rendre quelque tesmoignage apparent de l'inclination & desir que i'ay de vous faire tres-humble seruice, à quoy vostre vertu ne m'oblige pas seulement, mais aussi tous ceux qui ont plus de perfections, desquels vous vous rendez de vostre grace, comme pere & protecteur. Ce n'est pas pourtant que ie presume estre tenu en ce rang, & que ie ne recognoisse assez mon incapacité: mais il est certain que ie suis du nombre de ceux, qui admirent vos merites, & vostre doux & genereux naturel: & mesmes qui vous aiment & reuerent auec plus d'affection & d'humilité. Receuez donc s'il vous plaist, Monseigneur, selon vostre courtoisie coustumiere, l'offre que ie vous fais de ce mien labeur: & bien qu'il ne soit digne de vous estre presenté, ie vous supplie tres-humblement de le vouloir honorer de vostre faueur, & vous asseurer, Monseigneur, que ie seray tousiours

Vostre tres-humble & tres-obeyssant seruiteur,
SALOMON DE LA BROVE.

A ij

SONNET.

'Vn genereux labeur & d'vne ame diuine
  Dans la BROVE conioincts, nasquirent deux iumeaux
  Le merite, & l'honneur, venerables flambeaux
  Costoyans sa vertu qui le monde illumine.

Heureux en luy l'honneur, deuant qui ne chemine
  Le merite auancé, mais pareillement beaux
  En naissant, en croissant, ensemble vont esgaux,
  Ainsi qu'vn beau Soleil, vn beau iour auoisine.

Heureuse sa vertu, qui porte sur le front
  Le bien faire & bien dire, & qui sa gloire font
  Entrer dedans les Cieux par des portes si belles.

Heureux Caualerice, en qui la braue main
  Trouua contre la mort, deux voyes immortelles,
  Où les plus Grands à peine y trouuent vn chemin.

PELLETIER ANG.

SONNET.

Ourriçons de Palas, qui ennemis du vice
  Recherchés la vertu qui vous doit animer,
  Icy vous apprendrez, pour vous faire
    estimer.
  Les Preceptes diuins du vray Caualerice.

La BROVE fils de Mars parfaict en l'exercice
  Du vaillant Tyndaride, au milieu d'vne Mer
  De perils & d'hazars nous apprend à ramer,
  Pour fuyr les douceurs d'vne trompeuse Circe.

Braue & riche d'honneur il est nostre Castor,
  Qui nous despart les fruicts de son Royal thresor,
  Pour nous rēdre immortels aux dangers de Bellone.

Heureux cil qui pourra ses vertus imiter,
  Il sera nouueau fils de Lede & Iupiter,
  Digne d'enuironner son chef d'vne couronne.

LA CROIX MARON.

SONNET.

Cheualier nompareil qui desdaignent la terre
  Portes ton vol plus haut que les Astres ne
    sont,
  Que beaux sont tes escrits, qui par l'Europe vont
  Ietter vn plus grand bruit que le bruit au tonnerre.

Tu formes à ton gré le mouuement qui erre,
  Du pied-viste Cheual, sous les arts qui te font
  Auoir l'audace au cœur, les Lauriers sur le front,
  Sur ton front qui le front de toute Grace enserre.

Le noble desormais se bien-heure en ton heur
  Et reçoit son maintien de ta seule faueur,
  Faueur qui fauorise & sa gloire & sa vie.

A ton premier Soleil tu deuances les vieux,
  Desrobant aux suyuans l'espoir de faire mieux,
  Et tu remplis de los ton nom & ta patrie.

PONT-AYMERY.

A MONSIEVR DE LA BROVE.

Vi te voudra loüer ne recherche en nature
Mil' exemplaire vains, on la veit tout quitter
Lors qu'elle te batist; le ciel pour t'allecher
Feit de son grand effort la plus grande ouuerture.
Toy à toy comparant ma raison est obscure,
Qui voit que tu es seul qui te puisse imiter,
Et aux braues esprits le moyen limiter
Pour contre tout effort leur gloire tenir seure.
Si donc tu as pillé du Monde tout l'honneur
Et qu'on puisse en toy seul rechercher le bon-heur,
Permets à tout le moins que ton œuure ie loüe.
Luy consacrant mes vœux comme à l'œil tres-parfaict
De tout cest vniuers & qui monstre en effect
Que celuy n'a rien veu qui ne t'a veu, la Brouë.

Ex labore pignus.

SONNET.

A force dict, i'ay faict ce parfaict Escuyer
Le rendant roide & fort. C'est moy dit la Souplesse,
Qui le fait manier. Non reprend la vitesse
C'est moy, car ie le rends prompt, agile & leger.
Non force non tu rends le naturel trop fier,
La souplesse produict vne molle foiblesse,
La vitesse deçoit bien souuent, dict l'Adresse,
Seule i'ay merité l'honneur de ce laurier:
Non, la force sans moy n'est que forcenerie,
Dict raison, la souplesse est vne momerie,
L'estourdie vitesse vne temerité,
Et l'adresse sans plus vne simple aptitude:
Mais pour dire le vray, force, souple habitude:
Vitesse, adresse, esprit, ont ce loz merité.

MELLON.

EPIGRAMMA.

Nnosigææ tuo vitam si duxerit æuo
Hic & Nubigenis doctior & Lapythis;
Et primus, rapidos, sonipes tua munera gyros,
Hoc agitante dedit, dum dubitatur adhuc:
Haud dubie pro te cecidisset calculus omnis,
Latáque laurigero palma fuisset equo.
Quin nec Sufichthon nec Pallas nomen Athenis
Sed vel Bræus vel tribuisset equus.

MELLONIVS.

SONNET.

L'Art de vos arts caché nous fait voir l'excellence
   De tant de beaux effets: qui par voftre art parfait
   Sont parfaits: y monftrant ce que l'art n'auoit fait
Outre l'art inuentif, leur donnant vne effence.
Vos viues actions ont produit la fcience
   Qui femble naturelle : & vous dans fon pourtrait
   Brillant par le fubtil, fon ame auez foubftrait
   Pour tous deux expliquer fa pure intelligence.
Quel autre auffi que vous s'eft rendu fi heureux
   De fortir du commun, de tant d'arts glorieux,
   Qui feul les honorez ; & feul les fçauez rendre?
Enuie que dis-tu? que font tes gens icy?
   Ont ils rien de contraire à la Broüe en cecy?
   Non, qu'ils l'admirent tous ne le pouuant comprendre.

MICHEL MOVROT.

SONNET.

COMME dans le cahos vne matiere enorme,
   Vne maffe confufe, vn meflange diuers
   De contraire elements couuoit ceft vniuers
Sans beauté, fans clarté, fans figure & fans forme:
Mais quand le Tout-puiffant qui tout à bien reforme
   Eut feparé le feu, l'eau, la terre & les ærs,
   Que les globes mouuants eurent chacun leurs bers,
   Et que le beau foleil chaffa la nuict difforme:
On vit naiftre le monde auec telle fplendeur
   Que du vray Dieu parut l'infinie grandeur:
   Ainfi ton bel efprit qui de doctrine abonde,
Nous rend induftrieux ce qui eftoit fans art,
   Ou bien s'il en a eu, tu as ce pour ta part,
Que tu es le premier quil'as monftré au monde.

BOVRGOIN Aduocat Angoumoifin,

<table>
<tr><td>

SONNET.

F Rappant d'vn pied poudreux le pied du mont
   Parnasse,
Pegase fit sortir le doux coulant ruisseau
Qui va precipité, abreuer de son eau,
Le vert des prez herbeux qui iamais ne se passe.

La BROVE tout ainsi regardant face à face
Et pressant de sa main le beau tetin gemeau
De la neuuaine trope en tire vn suc nouueau
Qui de bôté, douceur, le doux Nectar surpasse.

Vi donc, cheual heureux au milieu de la pree
  Que tu fais ondoyer de ta diuine onglee:
  Et toy Bellerophon raui sur les sommets:

Du haut mont consacré aux Nymphes Pierides,
  Apres l'auoir armé de selle, mors, & brides,
Succe ce doux Nectar & te pais de ses mets.

A. ROVSSEAV.

</td><td>

SONNET.

L A BROVE, c'est œuurer surnaturellement
  Qu'œuurer en ta façon: Raison la raison tire
Comme le feu feu, la terre terre attire,
L'eau coule auecques l'eau, de leur droit mouuemēt.

Mais donër de Raison, adresse & iugement
Ce qui est sans raison, est chose qu'on admire
Autant que si le feu, ou l'eau pouuoient eslire
Leur domicile és cieux, dans le haut element.

C'est toutesfois ainsi que tu œuures la BROVE,
Digne d'estre admiré: ainsi ta raison douë
Le cheual de raison, tes escrits en font foy.

Et ces contraires ioints par ta belle science,
De toy auec la mort ont fait telle alliançe,
Que dés meshuy tu n'es plus subiect à sa loy.

I. BOYSSEVL.

</td></tr>
</table>

GALLIA AD VASCONIAM.

N VM satis est populos quondam domuisse feroces,
  Vasconicúmque armis nomen celebrasse per orbem?
Dein genuisse ingentem Herricum (fulminis instar)
Gallia cui subsit populosa, & fata dedêre
Imperio sæuos olim submittere Iberos:
Ni tandem adiicias Marti sacra arma Mineruæ
Connubio iungens stabili sponsore Brouano,
Qui patriam scriptis ac arte insignit equina:
Græcis quin cedat solers & Roma triumphans
Alterutro præstare suos satis esse ferentes:
His demum valeas meritis & plaude Brouano.

ENRY par la grace de Dieu Roy de France & de Nauarre: A nos Amez & feaux
Conseillers tenans noz Cours de Parlement, Baillifs, Seneschaux, Preuosts ou leurs
Lieutenans, & à tous nos autres Iuges, Officiers. & à chacun d'eux comme à luy appartiendra: Salut. Françoise de Louuin vefue d'Abel l'Angelier, Marchand Libraire Iuré en nostre ville & vniuersité de Paris. Nous a faict remonstrer que ledict deffunct ayant à grands fraiz & despens recouuert, & de nostre permission faict Imprimer *Le. pre-*
ceptes du Sieur de la Brouë de nouueau augmentez, Non seulement auant le temps à luy permis, mais
pour la plufpart, incontinent qu'il les a fait mettre en lumiere, est aduenu le deceds dudict l'Angelier, delaissé sa veufue qui seroit frustrée de la despence & fraiz, si la grace & permission octro-
yee à son mary, n'estoit en sa personne, confirmee & continuee. Nous suppliant sur ce luy pour-
uoir. A CES CAVSES desirant comme nous auons bien & fauorablement traicté ledict
deffunct l'Angelier, que sa vefue puisse tirer la recompense du bien que le public reçoit de son
trauail & despense. Auons à ladicte vefue de noz grace special, pleine puissance & auctorité Royal,
continué & confirmé les permissions donnees à deffunct son mary, Imprimer, & faire Imprimer, mettre en lumiere, vendre & debiter les susdicts liures, Auec deffence à tous autres de quelque qualité & condition qu'ils soient, les Imprimer vendre ou distribuer soubs quelque pretexte
que ce soit, sinon du vouloir & consentement de ladicte vefue iusques à six ans, à commencer du
iour qu'expireront lesdites permissions. VOVLONS que mettant à la fin ou commencement des
liures, l'extraict des presentes soient pour deuëment signifiees. Reuoquant toutes autres permissions & priuileges, si aucunes estoient obtenues, sans que l'on s'en puisse ayder. Declarât tous
les autres exemplaires acquis & confisquez à ladite veufue, qui les pourra faire saisir: Nonobstant
oppositions ou appellations. Et outre seront les contreuenans mulctez de telles amendes que
noz Iuges aduiseront. SI VOVS MANDONS, & à chacun de vous commettons du contenu
en ces presentes, faire iouyr & vser ladite veufue durant ledit temps : & à ce faire, & obeyr, contraindre tous qu'il appartiendra. Et au premier de noz Huissiers ou Sergens, faire tous exploits
necessaires. CAR TEL EST NOSTRE PLAISIR. Donné à Paris le XII. iour de Feurier,
l'an de grace mil six cens dix, & de nostre regne le vingt-vniesme.

Par le Roy en son Conseil.

VOISIN.

Extraict des Regiſtres de Parlement.

VEV par la Cour les lettres patentes du douziesme de ce mois, signees par le Roy en son Conseil Voysin, &
seellees du grand seel, par lesquelles inclinant à la supplication de Françoise de Louuin veufue d'Abel
l'Angelier, marchand Libraire Iuré en l'Vniuersité de Paris, luy continuë & confirmé les priuileges & per-
missions audict deffunct, octroyees de faire Imprimer, vendre & debiter: Les Preceptes du Sr. de la Brouë,
Sans qu'autres puissent ce faire que par son congé & permission, iusques à six ans, à compter du iour que finissent
le temps desdites permissions sur les peines; & ainsi qu'au long contiennent lesdites lettres. Requeste par elle
presentee à ladite Cour afin d'entherinement d'icelles, conclusions du Procureur General du Roy. Tout con-
sideré, Ladite Cour, enterrinant lesdites lettres, Ordonne que ladite de Louuin iouyra de l'effect & contenu en
icelles, selon leur forme & teneur. Faict en Parlement le seiziesme Feurier mil six cens dix.

VOYSIN.

A MONSEIGNEVR LE DVC
D'ESPERNON, PAIR ET COLLONEL
DE FRANCE.

ONSEIGNEVR,

Si tous les hommes, qui soubs l'ombre de vostre grandeur, & mesmes par vos particuliers bien-faicts, ou bons offices, ont esté aduancez aux honneurs & commoditez du monde, estoient exempts du vice d'ingratitude, vous pourriez faire estat d'estre le Seigneur de ce Royaume le mieux assisté & seruy. Ie ne veux pas dire, que iusques icy vous ne l'ayez esté tres bien & fort fidellement; mais il me semble qu'au plus grand besoing le nombre de vos bons seruiteurs s'est trouué bien petit, ayans esgard à la multitude des personnes qui ont faict leur proffit par vostre bonté & seul moyen. En quoy, Monseigneur, vous auez pratiqué à vos despens plusieurs exemples, qui ne doiuent pas seulement suffire à retrancher desormais vostre liberalité, mais qui pourront aussi seruir comme d'enseignemens à tous les grands, qui apres vous se trouueront esleuez tant par leur propre vertu que par les faueurs de fortune. Pour moy, ie ne tairay iamais les biens & faueurs qu'il vous a pleu me departir mesmes depuis que vous m'auez veu priué de santé, vieux & presque inutile à vostre seruice, mais non despourueu de l'affection tres-humble, par laquelle admirant vos vertus, ie me donnay fort librement à vous, il y a si long temps, que desia ie suis le plus ancien de vos domestiques. Pour toutes ces considerations i'ay bien occasion de vous offrir & dedier de nouueau le reste de ma vie, auec tout ce qui en dependra, iusques au dernier souspir, comme ie fais, Monseigneur, non pas en don ny en autre liberale demonstration, puis que c'est chose que vous auez acquise à plus grand prix qu'elle ne vaut. Mais seulement pour vous confirmer par mon tres-humble debuoir la resolution que i'ay faicte de viure & mourir soubs vos commandemens & authorité. Estant donc du tout vostre, ie me suis persuadé qu'il vous plaira me faire encor l'honneur de receuoir en gré le present que i'ose vous faire, de ce mien premier liure, contenant quelques preceptes, que i'ay voulu representer le mieux que i'ay peu, tant pour contenter auant mourir aucuns de mes bons & vertueux amis, que pour preuenir aucunesfois loisiueté en me rememorant le temps & la peine qu'autresfois i'ay employé à l'vn de mes plus aimez & communs exercices. Et combien que l'œuure ne soit non plus vtile à la posterité, que digne d'estre presentee à vostre grandeur, ie vous suplie tres-humblement. Monseigneur, de vouloir accepter en ce subiect & selon vostre benignité accoustumee, le Zele & la foible capacité de

Vostre tres-humble & tres fidele seruiteur,
SALOMON DE LA BROVE.

ã ij

A MONSIEVR DE LA BROVE
MON MAISTRE.

INSI qu'entre les corps qu'on nomme lumineux
   Le Soleil parfournit plus parfaict sa carriere,
   Luisant par dessus tous, sa clarté coustumiere
   Qui resiouyt, nourrit, produit tout de ses feux:

Mon maistre tout ainsi tu reluis parmy ceux
   Qui tirent leur rayon de ta claire lumiere:
   De mesme qu'en toy seul on la void toute entiere,
   On la voit à morceux se pratiquer entr'eux.

Tu n'es pas seulement en la Caualérisse
   Plein de perfection, ton ame est la nourrisse
   De la mesme vertu, que le temps ne desfaict:

Viue donc à iamais ta science immortelle
   Et pour me rendre heureux, plein de gloire eternelle,
   Auou' moy l'escholier d'vn maistre si parfaict.

Le Comte DE BRIENNE.

STANCES.

Ovr le bien des humains, iadis
  y eut querelle
Entre le grand Neptun, & Mi-
  nerue la belle:
Neptun vantoit ses eaux, & ses
  flots furieux,
Qui de leur creux abysme enui-
ronnent la terre:
Pallas tout le sçauoir que son beau chef enserre:
(Qui seul rend l'homme digne, & capable des cieux.)

De tous les autres dieux, ce fit vne grand' Brigue,
  Chacun d'eux s'efforçant les tirer à sa Ligue,
  Mars, Vulcan, & Iunon, pour Neptun se bandoient,
  Phœbus auec Merture, & Venus la deesse,
  Pour Pallas aux yeux verds, se mirent en la presse,
  Les autres demy-dieux, des deux parts se rangeoient.

Leur courroux s'aigrissoit, & ia de mesme sorte
  Ils auoient animez la celeste cohorte:
  Si le grand Iupiter appaisant leur clameur,
  Au simple mouuement de sa perruque saincte,
  Ne les eut tous remplis de respect & de crainte:
  Enquerant les motifs de si grande rumeur.

Pere, luy dit Neptun, auec Pallas la belle,
  Pour si peu n'a pas pris source nostre querelle:
  Mais elle qui maintient, qu'aux hômes plus que moy,
  Elle depart de biens, me fait par trop d'outrage:
  Quand sur elle ie tiens vn si grand auantage
  Que du monde le tiers ie partage auec toy.

Quand du bruyant Chaos le barbare meslange
  Couuroit de l'Vniuers la grand face de fange;
  Que le feu deuorant contre l'eau combatoit:
  Quel air se debatant dans ceste masse ronde
  Escrouloit furieux le grand piuot du monde,
  Que grondant, prisonnier, sans cesse il agitoit.

Ce fut moy, qui bridant des mers la violence,
  Ay prescrit leur reflux, & borné leur puissance
  Enfermant mille flots dans le centre orageux
  Du profond Ocean: souffrant auantureuse
  Cesta superbe Argon singler audacieuse,
  Sur le dos azuré de son gouffre venteux.

Sans l'eau l'homme ne peut entretenir sa vie,
  Qui par l'eau de tous biens se retrouue assouuie:
  Sans les mers, l'Vniuers seroit vn vague vain,
  Où l'homme enseuely dedans sa seule terre,
  Ne comprendroit (chetif) ce que puissant i enserre,
  Sans cognoistre l'honneur des œuures de ta main.

Pere commun des dieux, (respond Pallas la sage)
  Ces discours t'ont assez rendu de tesmoignage
  Du blaspheme penser qu'il coue dans le cœur;
  Qui a bridé ses eaux & leur folle arrogance,
  Que toy Pere eternel, qui peux par ta puissance
  D'vn seul mot appaiser de ses flots la fureur?

Iadis Iason par moy de main ingenieuse
  Bastissant son Argon, sur la plaine escumeuse,
  Seillonna malgré luy: tesmoins mille dangers,
  Mille vents, mille escueils, mille maux, mille orages,
  Qui ia le menassoient d'vn millier de naufrages,
  Pour le faire perir sur les bords estrangers.

Ce fut par mon secours, ce fut en mon escole,
  Que l'homme eut le quadran, l'aiguille & la bous-
    sole,
  Qui malgré ce cruel, luy font enuironner
  Sur les flots azurez le grand tour de la terre:
  Et plus d'hommes peris sous les eaux il enserre,
  Qu'il ne peut de profits, leurs labeurs guerdonner.

Mais que me peut seruir, deuant toy, de te redire
  Tant de beaux arts, qui font ce bas monde reluire?

Tu sçais tout Eternel: donne donc iugement.
Lors Iupin d'vn sous-ris accoisant l'assemblee,
Qui partant de discours sembloit estre troublee:
Refroidit les ardeurs d'vn si chaud mouuement.

Chose vaine est, (dit-il) qu'entre vous il s'esmeue
Discord: veu qu'il se peut vuider par vne espreuue:
Qu'vn chacun donc de vous face de son pouuoir
Vn present aux humains: dont la rare excellence
Nous facent tost iuger qu'elle est vostre puissance,
Car à bien faire gist des grands dieux le deuoir.

Alors ces Puissans dieux, monstrans par leur silence.
Que tous ils approuuoyent de Iupin la sentence:
Le grand Neptun tenant son trident en sa main,
Frappa, (tout animé) la face de la terre:
Dont sortit le cheual (vray foudre de la guerre)
Fidele compagnon de tout labeur humain.

Vn chacun admiroit sa force, & son courage,
Sa course, & son marcher son superbe manage:
Bref, Neptun en estoit presque ja couronné,
Quand Pallas ressentant de son los ialousie,
Luy dit, Cest animal remply de frenaisie,
Pour perdre les mortels est encor destiné.

Son courroux, sa fureur, & sa brauade fiere,
Son clair hennissement, & sa rage guerriere,
Seront les doux attrais dont tu couure leur mort.
Car soudain allechez par sa belle apparence,
Ne pouuans refrener sa monstreuse puissance
Ce felon causera leur destin, & leur sort.

Ainsi le pere faux, d'vne douceur sucrine
Desguisse le poisson dans la bouche enfantine,
Ayant dit de son pied la terre elle poussa:
Dont yssit l'oliuier: à la belle sortie
Duquel des puissans dieux la voix s'est my-partie,
Tant de ce riche don l'autre elle balança,

Ah! dit Neptun fasché de la rumeur esmeuë,
Voudriez vous égaler ceste plante tortuë,
Au present merueilleux que i'ay fait aux humains;
Non, non, (ce dit Pallas) le tien est peu de chose,
Car la douce liqueur, qui dans l'oliue est close
Surpasse de beaucoup l'ouurage de tes mains.

De mille autre discours leurs ames dépitees
Se fussent encor plus aigrement irritees,
Si Iubin preuoyant ce desordre auenir,
N'eut iugé pour Neptun, Mars ce fut à la charge
D'enseigner les mortels, auec quel auantage
Ils pourroient du cheual la fougue retenir.

Neptun (dit Mars alors) sous l'estendard de France,
La BROVE, qui vaillant, me suit dés son enfance,
Te pourra de ce faix sagement descharger:
Car tousiours ie l'ay veu dessou le faix des armes
S'exposer valeureux, aux plus chaudes alarmes,
Mesprisant pour l'honneur, la mort, & le danger.

Alors il te donna l'adresse, & la puissance
D'vn parfait Caualier, plein d'heur & de vaillance:
Mars graua sur ton front sa haute maiesté:
Vulcan dedans tes yeux logea ses estincelles,
Iunon dedans ton cœur, ses graces immortelles,
A l'enuy te doüans de leur grand deité.

Ah! (dit Pallas alors) si ne veux ie à bien faire
Aux humains le quiter à mon fort aduersaire,
Car l'homme estant mortel, que peut seruir vn iour,
Si la BROVE estant fait Caualier admirable,
Son nom enseuely dans l'oubly perdurable
Ne peut plus ressortir hors de ce noir seiour;

Ie veux donc le doüer de ma rare sagesse
Pour le combler d'honneur dés sa tendre ieunesse:
De mon frere Phœbus la grand viuacité,
De Mercure les arts, & la douce eloquence:
Pour laisser apres luy marques de la science
D'vn parfaict Caualier, à la posterité.

Voyla comment tu fus mis parfait en ce monde.
Pourueu d'vne fortune à nulle autre seconde:
L'honneur que tu t'aquiers te fait (vif) admirer:
Mais tes rares escrits (monumens de ta gloire,)
Sacreront ton grand nom, au temple de memoire,
Et ton los se verra mille siecles durer.

Le seigneur DE MARIVAVT.

PREFACE.

E L O N la commune opinion des hommes de cheual de ce temps,
l'inuention d'vne infinité de brides differentes, doit estre la plus
recommandable partie du Caualerice, pour reduire le cheual en
obeissance. Et particulierement les Allemans s'arrestent tant en
cela, que ie me suis souuent esmerueillé de la grande diuersité
d'emboucheures, branches & gourmettes que i'ay veu en leur
vsage, d'où nous tirons vne preuue fort apparente, qu'ils ne sont
bien fondez en ceste profession. Car si l'art de bien dresser les cheuaux, est à present
mieux entendu, & plus enrichy de bonnes reigles qu'il n'a esté du passé, l'on doit par
consequét vser moins des diuersitez des brides qu'on souloit long temps y a rechercher curieusemét en France & en Italie, à faute de meilleurs moyens. En ceste erreur
ie pardonne plus volontiers les fautes que les Reistres font, que ie ne supporte auec
patience le mauuais iugement de tousles autres cheualiers, qui pensent estre bien à
cheual: parce que les Allemans n'ayans encor assez de bonne experience en cest art,
ont recours à la violence des brides, pensans qu'elles puissent contraindre le cheual
à ce qu'ils ne leur sçauent apprendre par l'ordre des bonnes leçons : & mesmes ils se
contentent de leurs cheuaux, pourueu que la bouche en soit fresche, qu'ils trottent
legerement, & quelquesfois galoppent & tournent diligemment à chasque main,
sans partir d'vne place, & sans obseruer beaucoup d'egalité, de iustesse, ny de mesure.
Or pour ces effects la bride confuse n'empesche pas que la bouche ne soit escumeuse: au contraire elle donne souuent occasion à la langue sensible d'estre en continuel
mouuement, à cause de la quantité des pieces mouuantes & differentes, qui peuuét
estre en icelle bride, & si n'offense pas ordinairement les barres & genciues en allant
le pas, le trot, ou le galop, comme quand on recherche le cheual de tant d'autres
efforts, de maneges & de iustesses difficiles, qu'ó voit exercer en nos escholes modernes: mais les bons Caualerices doyuent plustost hayr que practiquer tant de diuerses
façons de mords, & se tenir aux vrayes reigles & leçons, qui peuuent gaigner par vn
bó ordre & peu à peu le naturel & le cósentemét du cheual, pour le rager, auec le téps
necessaire, à la resolution de la course, & à l'obeissance & facilité de l'arrest & du manege, auec le simple canon & le cauesson : car apres il sera fort facile de le bien emboucher. Pourtant ce n'est pas à dire que lors que le cheual est dressé, l'ayde de la bride, faicte par raison, n'apporte beaucoup de facilité au vray téperamét de l'appuy de
la bouche, & à la iuste posture du col & de la teste: mais d'entreprédre ces choses sur
l'esperáce que les seuls effects de la bride y puissent apporter la cómodité, ou la contrainte totale, ie tiens que c'est proprement n'auoir point de raison : & m'esbahis de
ce qu'il y a encores tant de personnes qui pensent qu'vne bride, comment qu'elle
soit inuentee, puisse faire deuenir la bouche bonne au cheual qui naturellement l'a

faulfe, ou trop pleine, trop defcharnee, trop eftroite, trop grande, trop petite, trop
fenfible, trop dure, ou qui feulement l'a mauuaife & corrompue par quelque autre
accident ou improportion : ou fi le cheual eftant en la plus grande furie de fa courfe,
ne s'arrefte facilement, foit pour eftre trop las & hors d'haleine, ou ayant la mafchoire trop grande ou trop ferree, le col naturéllemét renuerfé ou trop voulté, trop gros,
trop court, ou trop long, les efpaules, les iambes, & les pieds de deuant, ou les reins
foibles ou autremétimparfaicts, ne fera-ce pas faute de iugement de croire, que cefte
bride propofee apporte d'elle-mefme la reparation de tant de defauts, dont le moindre peut rendre le cheual incapable de bien s'arrefter & manier ? Et quoy qu'il foit
exempt de touts ces empefchemens naturels & accidétels, fi on ne luy a iamais appris
à bien tourner ny à parer, ou fi naturellement il eft pefant ou fougoux, malicieux &
defobeiffant, quelle apparéce y peut-il auoir qu'il ne faille que l'artifice d'vne bride
pour le rendre fain, nerueux, leger, libre, ferme & bien maniant, ny que par ce feul
remede on puiffe donner le iugement & la practique des bons maneges à celuy qui
recherche les effects de cefte bride, lequel fera peut-eftre mauuais hóme de cheual?
Si telles chofes eftoyent faifables, nous drefferions les cheuaux, & les hommes auec
beaucoup moins de temps & de peine, fans partir de la boutique de l'efperonnier en
ordonnant des mords, qui euffent cefte proprieté miraculeufe d'apprendre en vn
inftant à l'homme, & au cheual ce qu'ils n'auroyent encores fceu, & mefme ce qui
feroit hors de leur capacité naturelle. Il y a ce me femble dequoy fe mocquer de ceux
qui fur l'efperance de recouurer vne bride telle qu'ils imaginent, acheptent chere-
ment vn cheual fi dur ou efgaré de bouche, que le meilleur Caualerice du monde
pourroit eftre fort empefché à le rendre bon à la main, & que lors qu'ils fe trouuent
trompez en telles opinions mal fondees, on leur oyt dire, i'ay vn cheual qui vau-
droit mille efcus, s'il eftoit bien embouché: cela fe doit entendre le plus fouuent qu'il
a la bouche fi faulfe, endurcie ou corrompue qu'il n'en vaut pas cent, quoy qu'au
refte il foit fort & vigoureux: tellement qu'ils font valoir à leur compté, la bride qu'ils
defirent en vain, neuf cens efcus plus que le cheual: & fi fortuitement ils en rencon-
trent vne qui le tienneen quelque fubiection & legereffe extraordinaire, fans doute
vn temps apres ils fe plaignent, difans que cefte bride n'eft plus fi bonne qu'elle fou-
loit eftre : mais s'ils recherchent bien la caufe de ce changement, ils trouueront que
la bride a retenu fa façon & premiere forme, & que la difficulté de l'obeiffance procede, de ce que le cheual a défia la bouche tellement meurtrie ou vlceree (par le continuel & douloureux touriment de l'emboucheure trop rude) qu'il en peut eftre de-
uenu confus, & comme defefperé: & quoy qu'il ne foit recherché d'autre exercice ny
effort plus afpre que d'aller par pays faifant quelque long voyage, il aduiendra d'ordinaire que tant plus il fera de longues iournees, tant plus la bride femblera afoiblie
au cheualier peu experimenté, qui ne confiderera pas que la laffitude peut contraindre fon cheual à porter la tefte baffe, & abandonnee fur l'appuy d'icelle bride, l'ayant
recogneuë & quelque temps accouftumee, laquelle parauenture pourra faire fes
premiers effects apres que le cheual fera feiourné, ou en haleine, ou plus accouftumé au trauail.

P A R toutes ces confiderations le Caualerice peut iuger que la plus neceffaire facilité de la bouche du cheual doit proceder premierement de la legereffe, bonne inclination & franchife d'iceluy, de la capacité naturelle de fes membres, & apres du
bon eftat auquel fes forces & haleine fe peuuent difpofer par l'exercice de l'efcole fa-
gement confideré & bien practiqué, fans quoy les rares effets qu'on fe promet de la
bride, ne font gueres moins incertains que l'efpoir de ceux qui entreprennent à faire
la pierre philofophale: & quant à moy, ie fuis d'auis que les efprits qui fe plaifent à or-

donner propremét les plus belles emboucheures reseruent leur curiosité pour l'employer quand le cheual sera exempt,(par son adresse & obeissance,)des efforts & chastimés qui luy pourront offenser les barres & la barbe, & qu'il sera seulemenr besoin de luy embellir la bouche par le plaisir de l'emboucheure delicatement proportionnee. En quoy il faut obseruer beaucoup de parties principales, qui se trouueront expliquees en ce troisiesme liure,nó pas peut-estre auec des raisons tant subtiles ny de si belles figures, que i'aurois peu representer, si i'eusse voulu orner cest œuure de la quantité des plus beaux pourtraits que i'ay faits en mon temps , & que ie ferois bien encore si ie voulois visiter ma memoire:mais parce qu'apres auoir lóg temps recherché beaucoup de particularitez en la practique d'vne infinité de brides,ie me suis reduit à vn petit nombre,qui ne sont des plus rares ny des plus communs, & lesquelles i'ay trouué moins confuses, & par consequent moins estranges à Nature:aussi ay-ie voulu en icelle limiter le discours, que pour ceste fois ie delibere mettre en lumiere sur les moyens de bien embrider le cheual selon son naturel. Et ce qui est encores cause que ie n'ay passé plus outre, est l'asseuráce que i'ay que deffunct le Sieur Pyrre Anthoine Ferrare a trauaillé pour le moins trente ans, recherchant les perfections de tant de cauessons,seguetes,camarres,emboucheures,branches , & gourmettes, qu'il a peu descouurir:de maniere que sçachant,comme ie fais,qu'il a esté non seulement des plus excellens Caualerices de son temps : mais aussi tres-capable en beaucoup d'autres belles & honestes qualitez, (qui se trouuent raremét en vn seul Cheualier,)& principalement en la peinture, ie ne doute nullement que les descriptions & pourtraits,de son liure, ne paroissent sur tous ceux qui auront esté auparauant imprimez. Puis doncques qu'il ne se peut faire mieux qu'il a fait, & que ie me suis plus arresté aux bonnes regles de l'exercice,qu'aux particuliers moyens des brides extraordinaires, il me suffit de representer simplement, à celuy qui recherchera mon auis, les communes proportions que ie garde en embouchant & embridant le cheual , & si le Lecteur ne descouure tant de subtilité qu'il desirera , pour le moins il se pourra asseurer que mon imitation luy fera conseruer la bouche du cheual saine, entiere, droite,iuste,& l'appuy d'icelle en bon temperament, sans vser de plus grand artifice.

MAXIMES GENERALES
QV'IL FAVT OBSERVER POVR
BIEN ORDONNER LA BRIDE
du cheual d'efcole.

CHAPITRE PREMIER.

E s Caualerices moins fçauans en leur art, font ceux qui entreprennent plus hardiment d'ordonner des brides extraordinaires, mefmement pour les cheuaux qui ont la bouche mal-ayfee, quoy qu'ils ne les ayent veus, & fans en auoir autre cognoiffance que feulement par le rapport de tels, qui le plus fouuent n'ont en leur vie rien fçeu de ceft art, on peut en cela defcouurir vne vraye ignorance ou pre-omption : car les meilleurs maiftres fe faillent fouuent en la iuftefle des brides, quoy qu'ils ayent veu & confideré à leur ayfe, & plus d'vne fois le cheual qu'ils veulent emboucher: c'eft pourquoy on le doit premierement voir trauailler felon ce qu'il fçaura faire, ou pour le moins le recognoiftre par le droict, en allant au trot, en galoppant, en courant, & à l'arreft : afin de pouuoir iuger par fes actions commures d'où procede la difficulté de la bouche : & faut neceffairement tenir par maxime, que l'appuy plus propre à tous les plus beaux & neceffaires exercices, que le cheual peut faire deffous l'homme, eft celuy qui fe trouue ferme & leger ; c'eft à dire, qui ne s'efbranle par les fermes, & diuers mouuemens de la bonne main, ny ne s'abandonne par la liberté d'icelle. Le Caualerice bien aduifé doit donc curieufement rechercher les moyens des brides bien confiderees, pour affeurer & refoudre les bouches trop fenfibles ou efgarees, efueiller ou allegerir celles qui font fourdes & pefantes, ramener ou affuietir (entant qu'il fe peut) celles qui font trop fortes : & pour ce faire, il doit fçauoir qu'il y a en la bride quatre parties principales, qui font l'emboucheure, l'œil, la gourmette, & la branche, defquelles dependent plufieurs effets differens, & aufquelles il eft auffi neceffaire d'obferuer feparément beaucoup de proportions differentes, afin que tout ce qui fera ordonné pour loger dedans la bouche du cheual, fe rapporte aux qualitez & formes de la fente d'icelle, des léures, genciues, barres & efcaillons, du canal, de la langue, & du palais : & que ce qui eft dedié pour le dehors de la bouche, foit auffi propre à la forme de la barbe, & à celles de la tefte & du col, enfemble à la capacité des membres, comme il fe trouuera cy-apres expliqué par ordre.

EMBOVCHEVRES POVR LES CHEVAVX,
qui ont la bouche naturellement legere.

CHAPITRE II.

PRES que le cheual sera allegery auec le simple canon, & libre pour le moins aux maneges de guerre,& qu'on aura bien consideré le naturel de sa bouche,si on cognoist que les barres soient assez sensibles, & que la langue ne soit trop haulte,ou trop grosse,ny les léures trop grandes, ou trop espaisses, ceste premiere escache luy sera propre pour quelque temps: à cause qu'elle appuyera esgalement partout, sans beaucoup differer du simple canon.

SI en ceste premiere escache la langue ne peut auoir son mouuement assez libre, soit à cause de sa grosseur excessiue,ou pour n'auoir sa place naturelle assez spacieuse dedans son canal; cest autre escache à demy-fourchette luy donnera vn peu plus de liberté, luy faisant aussi la bouche plus fresche & plus belle.

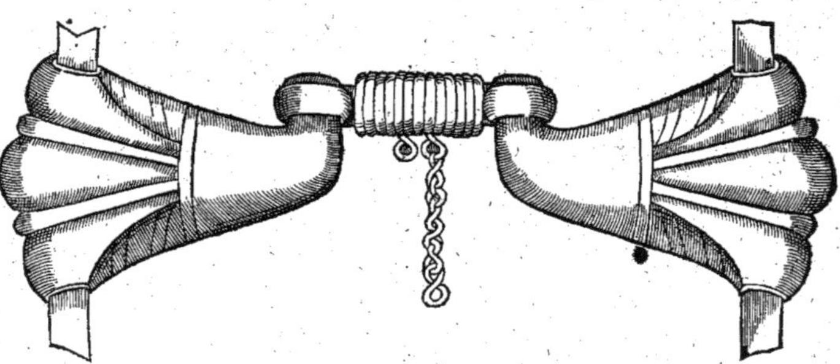

ET si ceste liberté n'est suffisante pour bien loger la langue , qui sera trop haute ou trop grosse, il faudra tenir la fourchette vn peu plus haute, ou faire la montee à la façon d'vn demy-pied de chat,ou d'vn col d'oye,selon ces autres trois pourtraits.

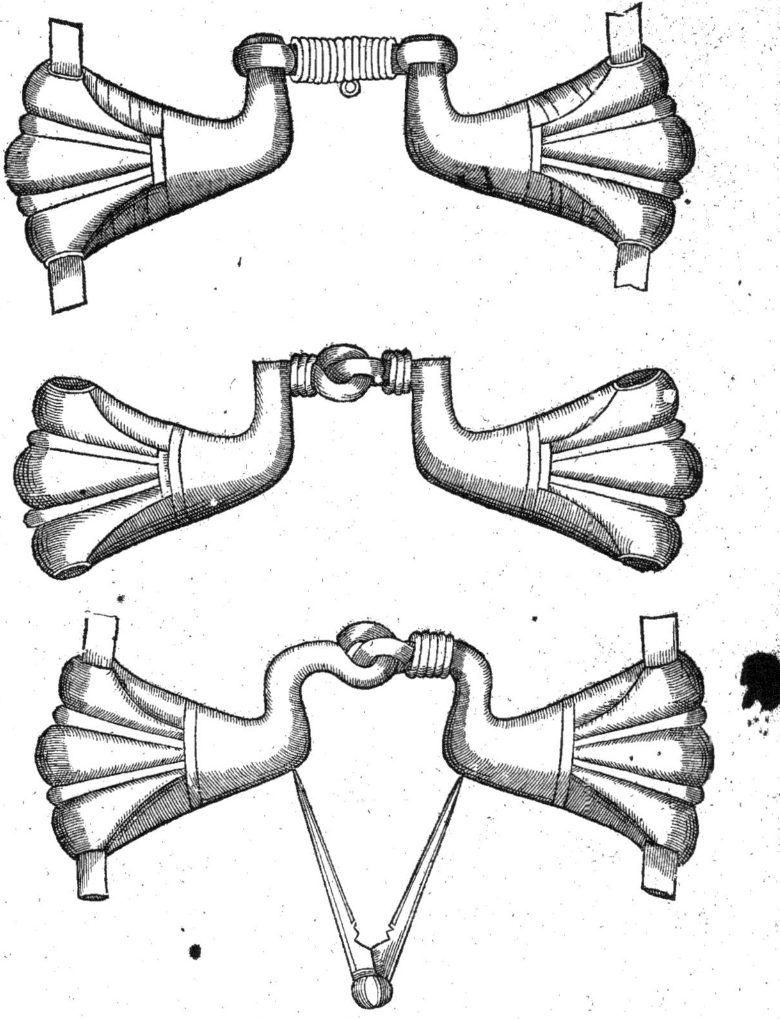

MAIS en fes emboucheures ouuertes, comme generalement en toutes les autres
qui fe trouuerót cy-apres figurees, il faut garder les mefures reprefentees, & fur tout
la diftance des deux endroits, qui doiuent appuyer deffus les barres, & lefquels font
icy monftrees par les poinctes de ce compas : car outre qu'ils referuent la place limitee pour la langue, c'eft auffi la proportion de laquelle defpend le principal effect de
l'emboucheure neceffaire pour la legereffe & facilité de la bouche du cheual.

IL faut auſſi particulierement conſiderer en ſes eſcaches, meſmement aux plus
ſimples qu'elles laiſſent l'eſcaillon plus libre que ne font la pluſpart des autres emboucheures, à cauſe que leur forme va en diminuant depuis le banquet, iuſques au
ply du mitan, & occupans par ceſte diminution moins de place. ſur les barres, elles
ſont propres pour les cheuaux, qui ont la fente de la bouche petite, & que les barres
n'en ſont trop dures, ny trop charnues, pourueu que l'eſcache ne ſoit trop groſſe au
droiĉt du chapperon, & qu'elle ait la forme de ce deſſein.

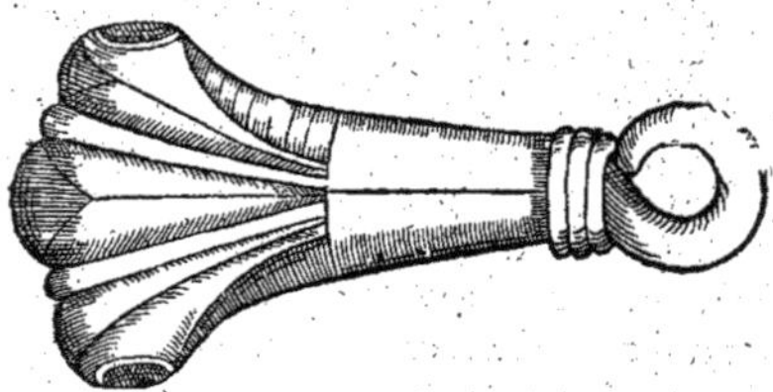

QVANT à la ceciliane, ſi la fente de la bouche eſt grande, ie ſuis d'aduis qu'on la
face tenir à l'œil, par vn ply ſans touret, & qu'elle ne ſoit que de deux pieces : & ſi la
bouche eſt peu ou mediocrement fendue, la ceciliane ordinaire de trois pieces, qui
tienne à l'œil par vn touret, luy dónera plus de plaiſir, à cauſe qu'elle remplira moins
& ſera plus mouuante: comment qu'elle ſoit faiĉte, il faut bien prendre garde que les
plis, tant des tourets que de la ceciliane, ſoient ſi bien tournez & polis, qu'ils ne puiſſent bleſſer en façon quelconque la ioüe du cheual, dedans ny dehors.

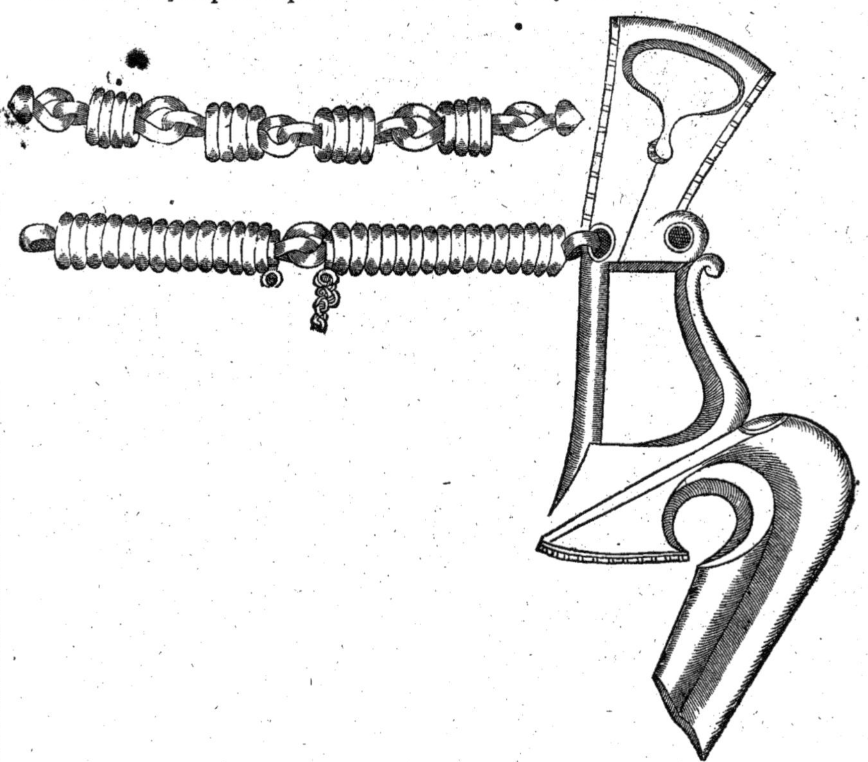

QVAND LA BOVCHE DV CHEVAL EST PEV
fendue, & que les barres en font de leger appuy.

CHAPITRE III.

L y a defia long-temps, qu'on a laiffé l'vfage commun des emboucheures à oliues, parce qu'elles ne donnent point de liberté à la langue, ny d'efpace vuide à la léure : toutesfois elles font propres & aucunesfois neceffaires aux bouches, qui ont la fente fi petite, que prefque l'embouchure ne trouue point de place, pour appuyer deffus la barre, fans toucher & offenfer l'efcaillon. En telle occafion on peut vfer des oliues, à caufe qu'elles n'occupent pas beaucoup de place deffus les barres, ny aux genciues & léures. Et dautant que la langue eftant trop preffee, ne peut rafrefchir ny embellir la bouche, ny par confequent faciliter l'appuy de la main, il eft neceffaire de donner ordinairement quelque montee à fes oliues, comme il fe voit cy deffous : & par ce moyen le cheual qui fera naturellement leger à la main, & qui neantmoins aura la bouche trop petite, fe trouuera mieux embouché que s'il auoit vne autre emboucheure, qui remplift dauantage : mais fi les léures font trop grandes ou trop efpaiffes, il y aura vne difficulté, à laquelle il faudra remedier, comme il fe trouuera cy-apres expliqué.

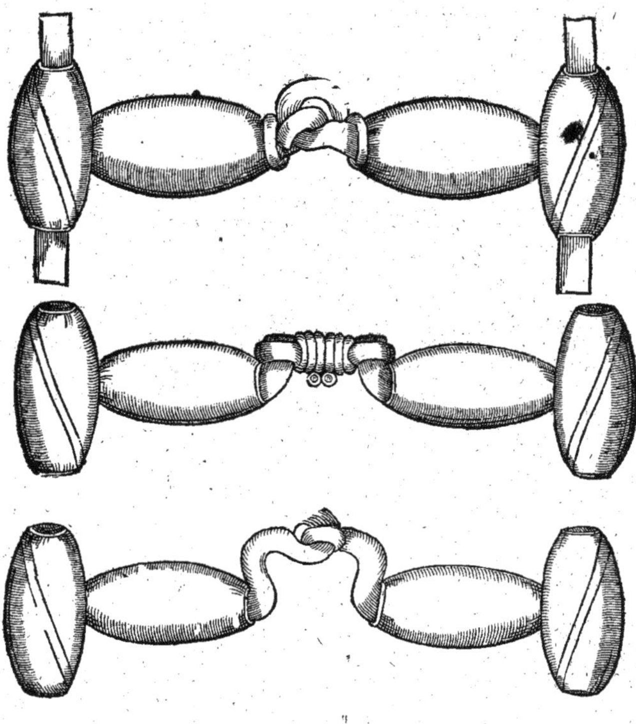

QVAND LA FENTE DE BOVCHE DV CHEVAL
est trop petite, & que les leures sont dures & espaisses, quoy que les barres soient assez sensibles.

CHAPITRE IIII.

E cheual qui a la bouche trop petite, a communément aussi les leures dures & fort espaisses, & l'appuy des barres dur ou faux : toutesfois il s'en trouue ausquels ces imperfections de fentes & de leures n'empeschent pas que les barres ne soyent assez sensibles, pourueu que l'emboucheure, (quoy qu'elle soit douce) puisse appuyer nettement dessus icelles, & au vray lieu où cest appuy se doit faire : & parce que les oliues precedentes ne desarment pas les genciues, mais plustost pressent & eslargissent les leures, & que par consequent l'appuy en est dur, ou plus sourd, il est necessaire en telle occasion de faire l'emboucheure comme elle se void cy apres figuree : car la rouelle rangera la leure grosse & importune, en la place vuide de la lettre b, & par ce moyen le point du c, qui est en la demie oliue, appuyera iustement & sans difficulté sur le vray lieu de la barre.

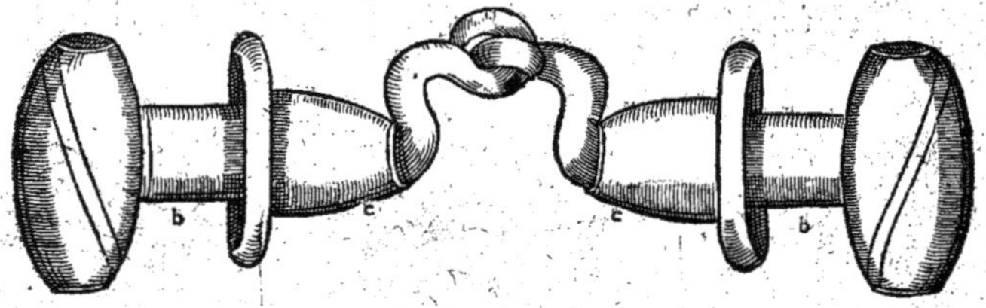

Si au lieu de ceste demie oliue, il y a vne piece qui apporte la mesme forme, & celle de la rouelle ensemble, l'emboucheure en sera plus ferme & plus iuste : mais elle donnera moins de plaisir au cheual.

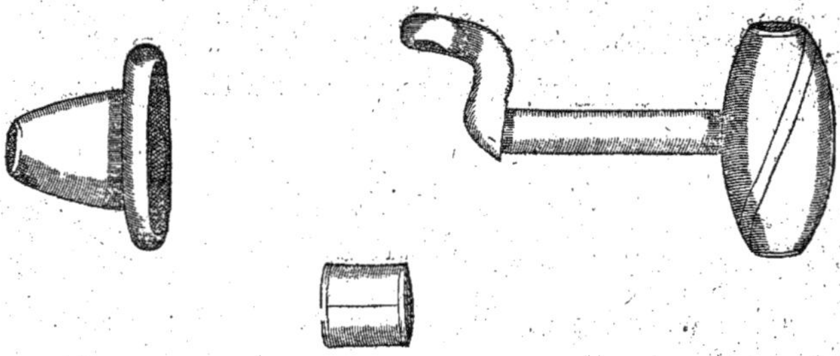

QVAND LES PROPORTIONS DE LA BOVCHE
*du cheual sont generalement bonnes, & que l'appuy en est
naturellement temperé.*

CHAPITRE V.

QVAND la bouche du cheual est bien proportionnee & de bon temperamment, c'est à dire qu'elle n'est trop petite, trop sensible, trop charnuë, ny trop dure, l'eschache à bouton qui se verra cy-apres figuree
la deura bien emboucher, à cause que si la fente d'icelle bouche est
assez grande, le bouton ou balotte appuyera dessus la barre, en la iuste place du vray
appuy, sans importuner ny toucher l'escaillon : & si le temperamment naturel de la
barre & genciue, rend l'appuy commun à pleine main, ce bouton estant bien logé,
apportera quelque subiection & legeresse extraordinaire, sans rompre, meurtrir ny
offenser aucune partie de la bouche : & outre la commodité du vuide, qui se void entre la distance des deux boutons, le roulé mouuement d'iceux conuiera dauantage le
cheual à s'egayer par le plaisir de la langue, en la place limitee entre la ligne de la lettre a, & le ply du mitan de l'emboucheure : & si les leures & genciues ne sont naturellement trop, ny assez charnues, la grosseur du chapperon de l'eschache couurira, &
garnira suffisamment ceste partie : tellement que toute l'emboucheure pourra appuyer par tout, sans laisser beaucoup de vuide inutile, ny offencer la bouche en aucun lieu.

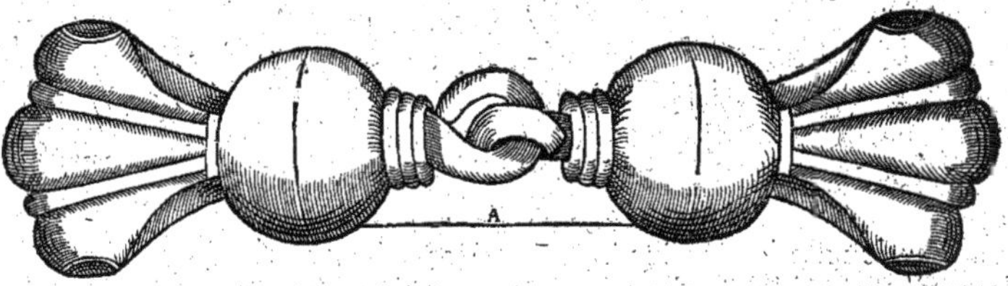

ET pour donner vn peu plus d'espace, & de plaisir à la langue, il sera bon de faire
les emboucheures, de façon que les plis du mitan se trouuent plus hauts que l'ordinaire, comme il est icy representé : mais il ne faut pas que la montee de ceste liberté,
soit plus haulte qu'elle se void en ce dessein : car si elle l'estoit, toute l'emboucheure
ensemble feroit vne action desordonnee, dont les boutons en trebuchant, ou en se
serrant trop, donneroyent occasion au cheual de tenir la bouche ouuerte, & de faire les forces.

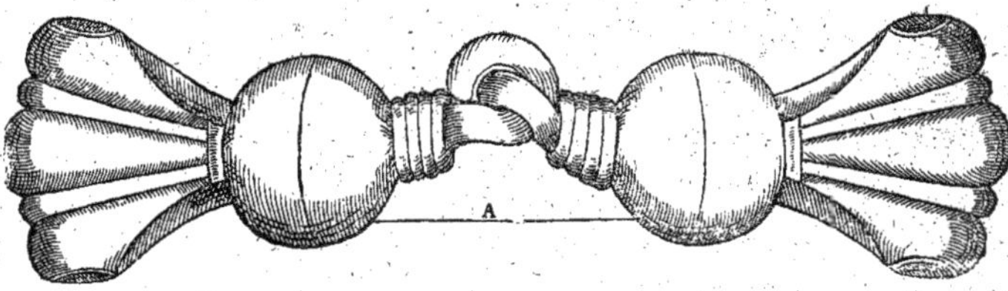

AVCVNS nomment la montee de ceste emboucheure, col rompu, les autres l'ap-
pellent, montant, l'vn mot est aussi propre que l'autre.

Si on exerçant le cheual auec ceste emboucheure à col rompu la langue se trouue
encores si pressee qu'elle en deuienne enflee, & noire bluastre, lors on luy doit ordonner vne espace plus grand, tout ainsi que i'ay, dit aux emboucheures precedentes, & qu'il est encores icy figuré.

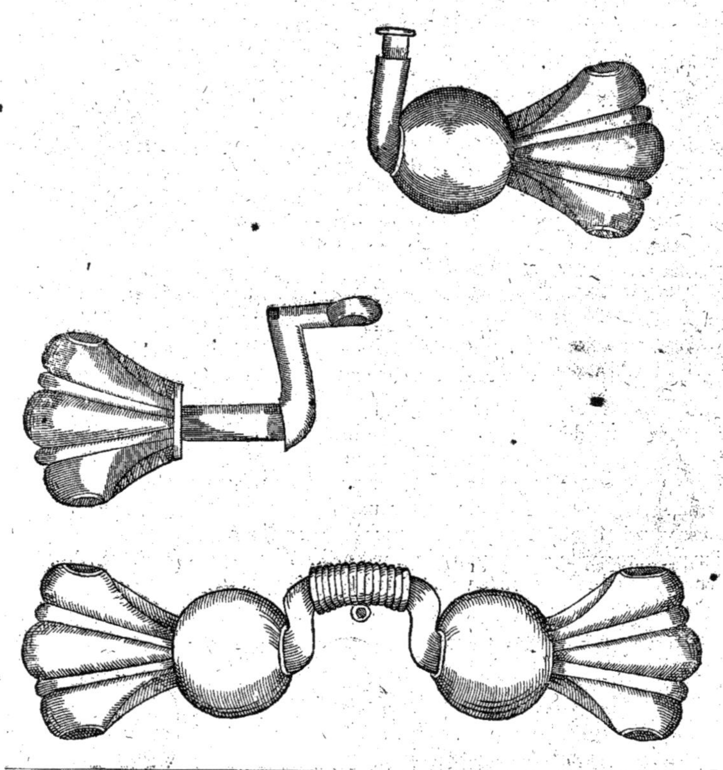

AVTRES EMBOVCHEVRES POVR LES SVSDITES
*bouches, qui ont l'appuy à pleine main, & qui sont
mediocrement fendues.*

CHAPITRE VI.

I'AY desia dit au premier Liure, parlant des diuers appuys des bouches differentes, que celuy que nous nómons à pleine main, se doit
entendre pour le mediocre, assauoir, qui n'est trop sensible ny trop
dur, auquel les susdites escaches & balottes sont propres: & d'autant qu'il y a des cheuaux qui ont la langue grosse ou haulte, à laquelle ne se peut bonnemét donner place suffisante, qu'elle ne pré-
ne occasion de sortir ou prédre hors la bouche, ou de faire tenir ordinairemét la bouche ouuerte, mesmement quand la montee est si haulte qu'elle touche le palais trop
charnu, ou qu'elle arriue pres d'iceluy: quand nonobstant ces imperfections les bar-

b ij.

res font de leger & ferme appuy, il eft bon d'vfer de poires renuerfees à l'emboucheure: parce qu'eftant logees comme elles fe verront en ces plus proches figures, elles
peuuent donner telle place à la langue, qu'elle ne fera tant preffee, que fouftenant
trop l'emboucheure, & deffendant la barre plus que de befoin, l'appuy de la main en
foit affoupy, & la langue ne trouuerra tant de liberté, qu'elle ne puiffe aucunement
foulager les barres & genciues, & n'aura beaucoup d'occafion de prendre & s'abandonner fortant de la bouche. Mais ces poires appuyeront vn peu fort deffus les barres que les balottes des efcaches precedentes: à caufe que la pance du fonds de la poire eft plus abatue & plate à l'endroit de la lettre a, que n'eft la rondeur de la balotte
là ou fe void la lettre i: ces poires donneront auffi plus d'efpace à la léure, là où fe voit
la lettre i: toutesfois elles n'accompagneront pas affez le genciue bien proportionnee, parce que leur groffeur commence à diminuer trop pres de l'appuy, qui fe fait
deffus la barre: & en cela elles tiennent aucunement de la rudeffe & incommodité
des rouëlles: c'eft pourquoy il faudra appliquer cefte forme de poires aux bouches,
qui feront plus folides que fenfibles.

Povr les bouches de la fufdite forme & nature, aucuns vfent en ces poires renuerfees d'vne emboucheure ouuerte & entiere: & pour moy, ie l'approuue communément pour fort bonne, pourueu que la montee foit proportionnee, comme elle eft
icy apres. Car outre les commoditez que la langue & les léures trouuent aux vuides,
& concauitez qui fe voyent au deffus de la ligne tiree fous la dite emboucheure, enfemble le fermé & principal appuy, que la plus haute rondeur de la poire eftant iuftement logee, fait deffus les barres, auffi cefte forme d'emboucheure entiere, & par
confequent limitee en fa mefure, aporte vne telle egalité en fon mouuement general, que la bouche efgaree ou falfifiee, en peut eftre affeuree auec le temps & la bonne main: au contraire de l'opinion de ceux, qui tiennent par maxime que les emboucheures entieres offenfent plus les bouches, que celles qui fe plient. Sur tout il faut
bien prendre garde, que l'appuy des barres fe face en cefte emboucheure ouuerte &
d'vne piece, à l'endroit où fe void la lettre A, deffous la ligne.

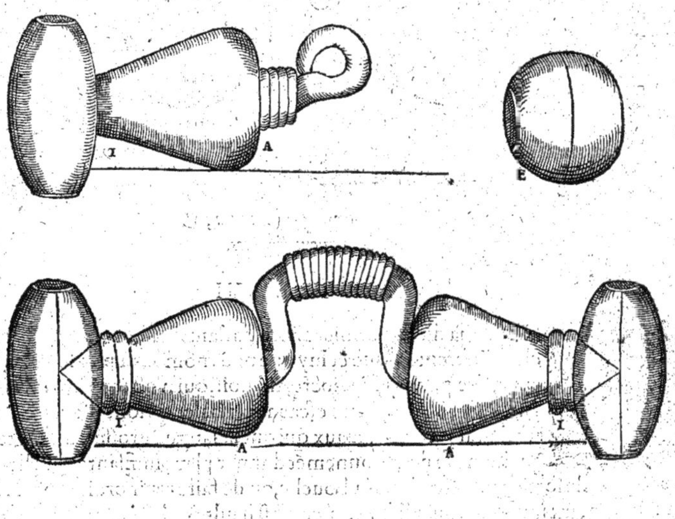

Il y a de bons Caualeriees, qui font d'aduis que la fummité de la montee de cefte emboucheure entiere foit pliee & renuerfee du cofté de la langue, ie l'approuue, affauoir quand il eft neceffaire de faire la liberté fi haulte, que le palais en puiffe eftre touché, & importuné: car par le moyen de ce ply, ou tour, le palais eft garenty de cefte importunité: mais fi la langue fe peut paffer de la montee extraordinaire, il me femble que c'eft erreur de la renuerfer, parce que langue en eft d'autant incommodee, & que la feconde montee icy figuree n'eft fi haulte, qu'elle puiffe toucher le palais.

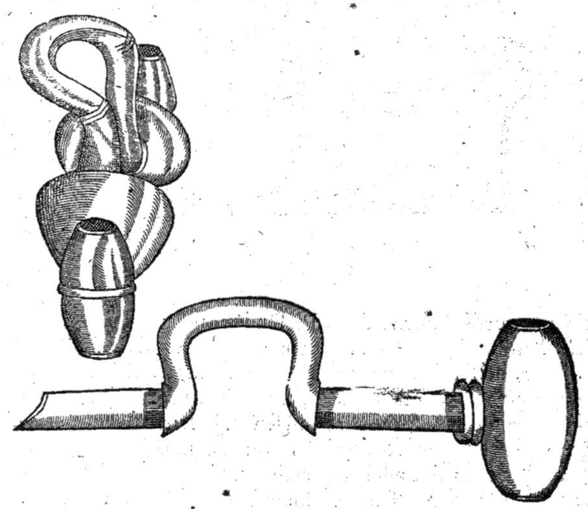

En ces poires renuerfées, on peut auffi vfer des precedentes façons de libertez de langue telles qu'il fera neceffaire, felon les occafions fufdites.

POVR LES BOVCHES FOIBLES,
ou trop fenfibles.

CHAPITRE VII.

Il y a des cheuaux, qui ont la bouche foible, ou tant fenfible, qu'ils n'ofent fe refoudre au ferme appuy de la main: les vns pour ne pouuoir patir aucune incommodité deffus les barres & genciues: les autres craignants d'auoir la langue & les léures preffées; d'autres qui apprehendent trop la douleur de la barbe: tellemét qu'il eft fort mal-ayfé & prefque impoffible de leur affeurer la bouche, la tefte, ny le col, tant qu'ils font faifis de tels foupçons. I'ay defia dict, parlant des plus confequens effect de l'exercice du galop: que les galoppades larges ou longues, & fans fougue peuuent feruir de principal remede à ces irrefolutions d'appuy, & les raifons en font affez clairement expliquees au premier & fecond liure. Mais pour monftrer les commoditez que l'emboucheure y peut apporter, i'ay voulu prefenter la canne qui fe trouuera cy-apres figuree, laquelle donnera plus d'occafion au cheual, qui craindra feulement la douleur des barres, de s'affeurer fur l'appuy de la main, que ne feront toutes les emboucheures precedentes, tant à cause de fa groffeur egale & vnie, que parce que la langue, quoy qu'elle foit affez enfoncee dedans fon canal, la fouftiendra auec les leures, & par confequent les barres en feront d'autant foulagees ; ioinct auffi qu'eftant ainfi d'vne piece, elle demeurera ordinairement en mefme fituation dedans la bouche du cheual, quelque mouuement que face la main du cheualier.

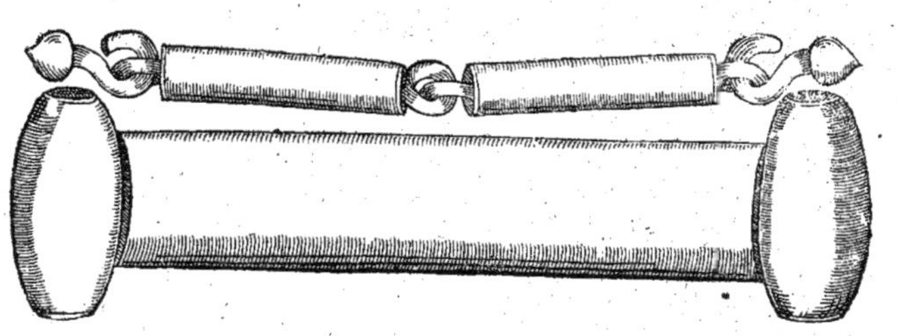

ET fi d'auenture la bouche n'eft affez fendue, pour receuoir cefte emboucheure, fans que les leures & les ioües en foient incommodees, il faudra ofter la ceciliane: & fi cela ne fuffit, on fera la canne en cefte autre forme, qui donnera communément moins d'appuy que la premiere: mais elle fe logera plus ayfément dedans la bouche peu fendue, à caufe de l'efpace vuide, où fe voit la lettre A, auquel la léure trouuera peut eftre fa place fuffifante: & en cefte feconde canne on pourra ofter auffi s'il eft befoin la ceciliane, afin de tenir l'emboucheure plus haulte, laiffant l'efcaillon franc du dommage d'icelle, fans offenfer ny incommoder la ioüe du cheual.

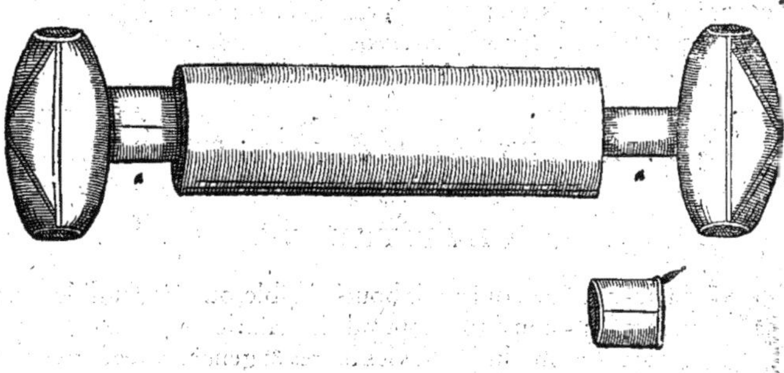

SI la langue du cheual eft fort baffe, ou menue, & que les barres foient trop fenfibles, la canne fe peut faire de cefte autre façon, laquelle foulagera les barres plus que ne feront les deux premieres: à caufe qu'eftant ainfi panfue, elle appuyera dauantage deffus le milieu de la langue, mais ne defarmera pas tant la barre, comme la precedéte emboucheure qui pert fa groffeur tout à coup, pour donner place à la léure. Cellecy ne preffera pas beaucoup la léure, à caufe que fa groffeur va en diminuant du mitan, iufques au ply du banquet. En fin ces cannes feront propres, iufques à ce que les

barres foient fortifiees, & que le cheual foit affeuré aux bons & fermes mouuements
de la main du cheualier, & apres il faudra vfer d'autres emboucheures, felon les diuerfes proportions & temperatures de la bouche.

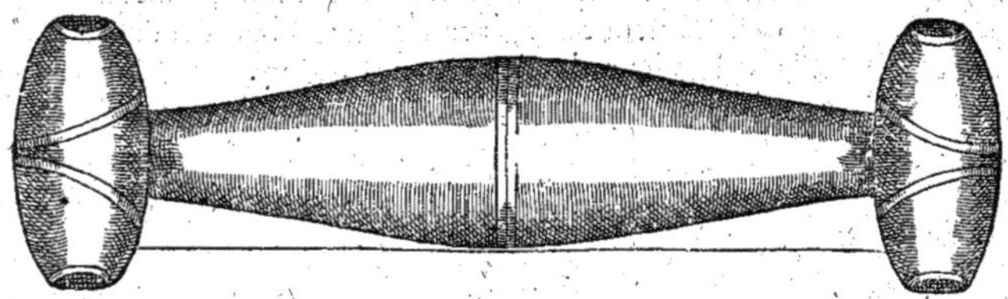

I L eft ayfé à iuger par ces explications, que ces cannes font propres pour affeurer,
à l'appuy de la main, les barres qui font offenfees, ou trop delicates, quand la langue
eft affez baffe ou menue, & qu'elle ne craint point le poids, & l'importunité de l'emboucheure, comme ie viens de dire. Mais quand elle eft haulte, groffe, ou trop fenfible, & que le poids de l'emboucheure l'eflargift, la noircift, ou la tourmente par quelque douleur, il eft neceffaire (au lieu de ces cannes) d'vfer de ce campanel d'vne piece,
car il preffera beaucoup moins la langue, & fi ne laiffera pas de refoudre peu à peu la
barre trop fenfible, au ferme, & temperé appuy de la bonne main.

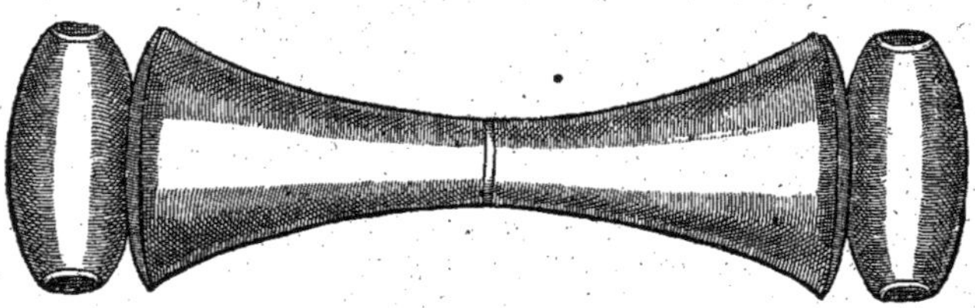

P A R cefte petite figure, on peut voir comme il faut que foient faits les noyaux, &
plis de toutes les fufdites emboucheures entieres, afin que ces cannes & campanels
fe puiffent mieux faire feparément.

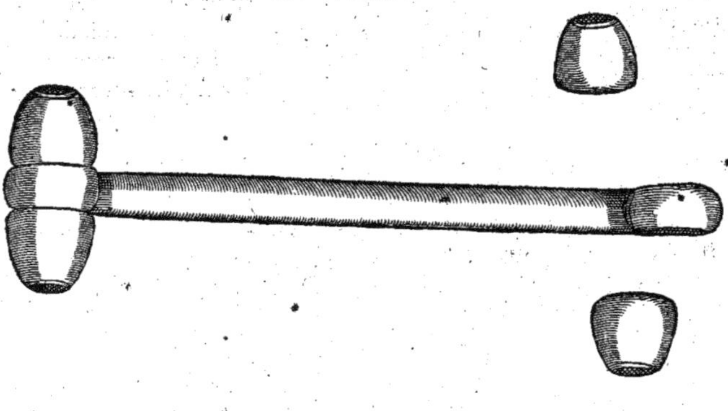

L'EMBOVCHEVRE cy-deuant figuree appuyera egalement par tout dedans la bouche: toutes fois fi les léures en font efpaiffes, ceft autre campanel l'embouchera mieux, par ce qu'il donnera quelque efpace libre à la léure, entre la haulteur du fonceau, & le ply du banquet, où fe voit la lettre e, & par confequent defarmera d'autant la genciue: Et outre qu'il donnera cefte place à la léute, il preffera moins la langue à caufe que les hauteurs & rondeurs des deux fonceaux, font plus voifines: & ce iugement fe peut faire par le vuide marqué a, qui eft reprefenté entre le mitan de l'emboucheure, & la ligne tiree au deffous.

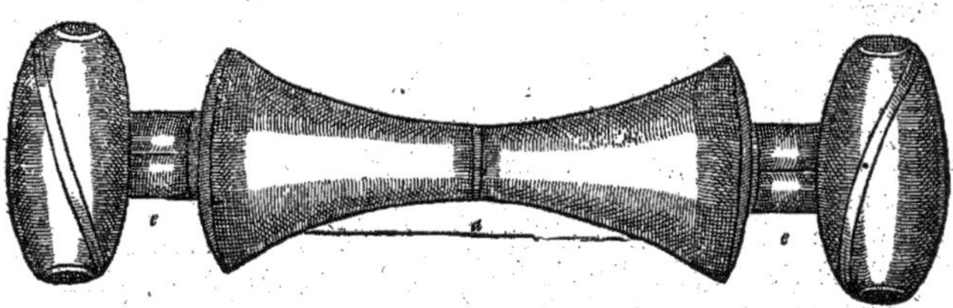

OVTRE les affeurances que le cheual trop fenfible de bouche peut trouuer aux proportions & fituations de ces dernieres emboucheures, il y a encores en icelles vne autre commodité confiderable. Affauoir que quand on rameine la téfte du cheual, ou comment que le cheualier tire les refnes à foy, le noyau de l'emboucheure tourne dedans la canne, ou le campanel d'vne piece, fans que l'vne ny l'autre emboucheure roule deffus la barre, ny la langue, comme font le canon & l'efcache: tellement que l'appuy fe faifant par ce moyen auec moins de mouuement, le cheual s'y doit refoudre plus commodement. Toutesfois le canon & l'efcache fimples ne laiffent pas de feruir auffi à dreffer & affeurer la bouche offenfee ou trop fenfible. Quant aux cheuaux qui battent à la main, craignans extraordinairement la douleur de la barbe, ie remets l'explication des remedes au difcours des yeux, des branches & des gourmettes qui fe trouueront cy-apres.

EN l'vfage des fufdites efcaches à bouton ouuertes, & mefmement des poires renuerfees, il faut tenir ordinairement la montee plus baffe, que fi l'emboucheure eftoit fimple & ordinaire, à caufe que le bouton ou balote, & la groffeur de la poire, appuyans iuftement deffus la barre, tiennent la montee plus haulte, d'autant qu'il y a de la ligne du b, iufques à celle du c, c'eft à dire autant que l'endroit du bouton ou poire, qui appuye fur la barre, a de hauteur: & pour mieux faire comprendre cefte proportion, i'ay voulu ainfi reprefenter l'vne moitié d'emboucheure auec le bouton ou la poire, & l'autre toute fimple.

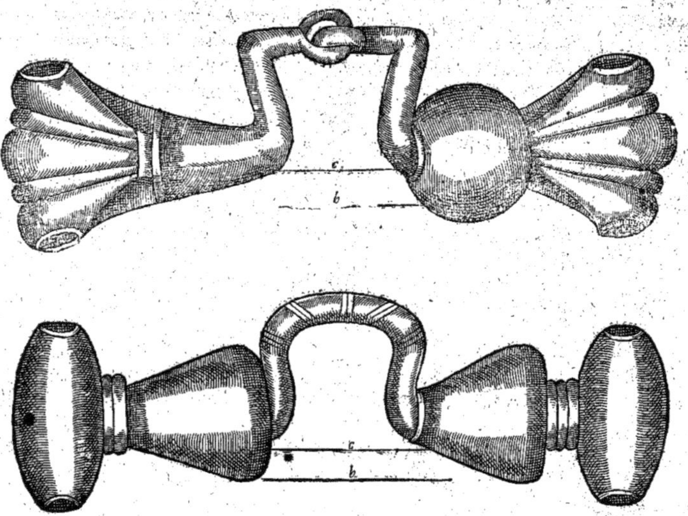

La diſtance de cés boutons & poires eſt vne des meſures qu'il faut garder auec plus
de recommandation, meſmement quád l'emboucheure eſt ouuerte: parce que ceſte
diſtance limite les endroits des barres, qui doiuent ſouffrir le principal appuy de la
bride, & deſquels endroits depend l'obeïſſance, ſubiection, legereſſe, & fermeſſe de
la bouche du cheual, ſeló ce que le mors y apporte par ſa iuſte forme & proportion.

Et quoy qu'en ces occaſions l'obſeruation moins limitee, ſoit commune à la
montee & liberté qu'on donne aux emboucheures: à cauſe que d'ordinaire en di-
ues cheuaux on trouue les langues plus diſſemblables que ne ſont les diſtances des
barres, ſi eſt ce que ie voudrois qu'on gardaſt generalemét la haulteur de ces libertez
pourtraittes, qui peut-eſtre ſembleront trop baſſes à quelques-vns: toutesfois s'ils
ſont bons Caualerices, ils cognoiſtront par la bonne experience, qu'il vaut mieux que
la langue ſouſtienne vn peu l'emboucheure, quoy que aucunesfois elle rende l'appuy
de la main vn peu moins leger, que ſi ayant trop de liberté elle ſortoit, & pendoit
comme abandonnée hors la bouche, ou que la montee, approchant trop du palais,
donnaſt occaſion au cheual de tenir la bouche ouuerte: & pour rendre ceſte explication plus facile, i'ay voulu ainſi repreſenter par ces figures la façon de bien meſurer
telles proportions, tant aux eſcaches ſimples, qu'à celles à bouton.

Il faut tenir ces eſcaches groſſes ou menues, ſelon que la bouche du cheual ſera
beaucoup, mediocrement, ou peu fendue, ou que les léures & iouës ſeront eſpaiſſes,
ou tenues: & les groſſeurs des poires ſe garderont auſſi ſelon que la bouche ſera beaucoup ou peu fendue, afin que toutes les proportions ſe rapportent ſi bien, qu'il n'y
ayt rien de contraint, ny de confus.

QVAND LA BOVCHE EST MEDIOCREMENT
fendue, & que les barres sont assez sensibles, & les léures trop espaisses.

CHAPITRE VIII.

I en l'vsage des escaches susdites, les léures de cheual s'eslargissent au droit & au dessous de l'emboucheure, faisant comme vn gros bord hors la bouche, & derriere le banquet, cela monstrera qu'elles sont trop charnües : & que par consequent la grosseur de l'escache les charge trop : mais quand tel cas aduiendra, il faudra entailler les boutons ou poires en vne emboucheure à couplet, afin que la léure trouue plus de place entre les boutons & le ply du banquet, comme il est representé par ces pourtraits.

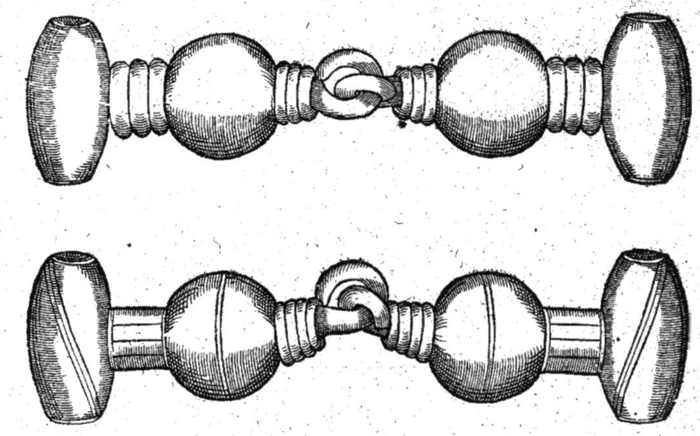

Si la langue n'a quelque grosseur excessiue, ou autre imperfection extraordinaire, il se faudra tenir, selon qu'elle sera haute, aux proportions des precedentes montees & libertez, qui se voyent encores icy figurees. Et la barre estant trop depourueüe de chair, ou la bouche fendue si hault, que pour la mieux garnir & remplir, il soit besoin de croistre ceste commune grosseur de balotte, il faudra considerer, en ce faisant, la proportion & nature des léures afin que sans occasion necessaire, la grosseur extraordinaire de la balotte ne retranche trop la liberté de la léure, qui doit estre entre le ply du banquet, & la balotte.

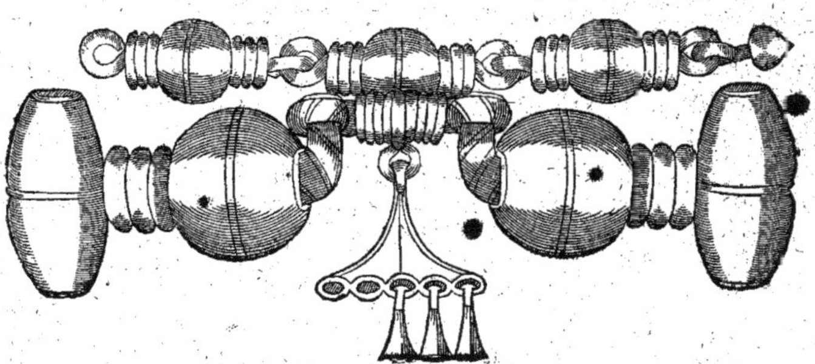

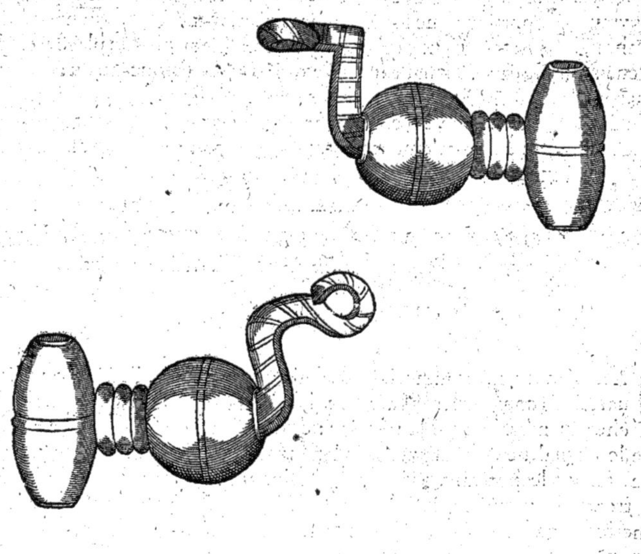

AVTRES EMBOVCHEVRES PROPRES AVX BOVCHES
qui sont vn peu plus grandes que l'ordinaire, & qui neantmoins ont les barres assez sensibles, comme i'ay dict cy-deuant.

CHAPITRE IX.

L y a des bouches grandes & sensibles, qui pour bien gouster la vraye fermesse de la main, veulent estre beaucoup remplies : quand cela est, il faut vser de campanels en ceste façon, à sçauoir si la langue est subtile, ou assez enfoncee en son canal, car autrement elle se trouueroit trop pressee.

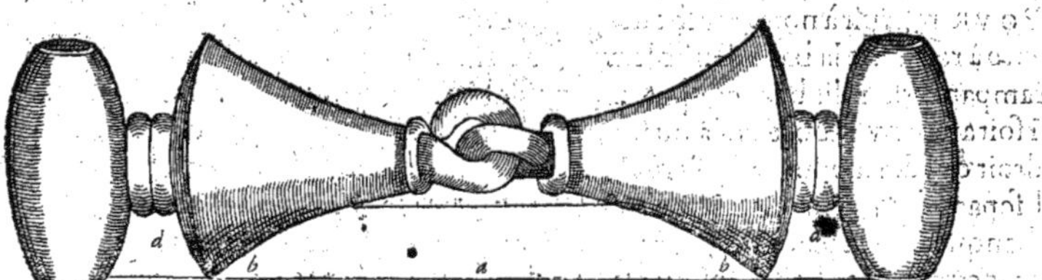

La pluspart des hommes de cheual, tiennent que ceste emboucheure à campanels, donne beaucoup plus de liberté à la langue qu'elle ne fait, & se figurent ceste liberté en l'espace qui se void entre la ligne de la lettre a, & le ply du mitan de l'embaucheure: mais pour voir clairement en quoy ils se trompent, il faut considerer que la haulteur du fonceau du campanel, à laquelle ils prennent ceste liberté au point de la lettre b, n'appuye pas en lieu qu'elle puisse laisser tant de vuide pour la place de la langue: car l'extremité de ceste rondeur, & grosseur, se loge entre la genciue & la leure:

& le poinct de l'endroit qui appuye deſſus la barre, eſt celuy auquel ſe void la lettre c, ſelon les vrayes proportions que les caualerices mieux fondez obſeruent en la iuſteſ-ſe des emboucheures: tellement que preſque il ne reſte non plus de place pour la lan-gue, qu'en vn ſimple canon. Quant au vuide qui eſt entre le fonceau du campanel, & le ply du banquet, où eſt la lettre d, c'eſt l'endroit où la leure doit prendre ſa place, tant pour deſarmer le genciue, s'il eſt beſoin, que pour donner autant de moyen à l'emboucheure d'appuyer egalement par tout, ſans incommoder ny offencer aucu-ne partie en la bouche du cheual.

EXPLICATION DV MOT ARMER SELON L'OCCASION
ſuſdite, & la difference qu'on doit faire de la barre à la genciue.

CHAPITRE X.

AR ce mot armer, on ne doit pas ſeulement entendre l'action que le che-ual fait en courbant trop l'arc du col, baiſſant le front, & appuyant les bran-ches du mors contre ſa poitrine: cela ſe peut bien appeller armer, en-tant que le cheual ne donne iamais dedans vne trouppe ſerrée auec tant d'aſ-ſeurance, tenant le nez tant ſoit peu trop aduancé, comme quant le hault du front ſe trouue le premier: de ſorte que par ceſte action il ſemble que le che-ual ſe mette en garde pour vouloir heurter, ou ſouſtenir vn choc: c'eſt pour-quoy on nomme ceſte poſture armer: toutesfois la pluſpart des cheuaux, qui font ordinairement telle contenance, monſtrent par icelle les moyens malicieux, par leſquels ils defendent les barres, les leures, & la langue, en s'oppoſant aux bons effects de la bride, comme nous dirons en lieu plus expres. Mais quand on parle particulierement des emboucheures, & de ce qu'on y met pour deſarmer les genciues, cela ſe doit entendre, les moyens d'empeſcher que la leure trop grande, ou trop eſpaiſſene ſe loge entre la genciue, & enuiron l'endroit de l'emboucheure, qui doit appuyer & faire ſon effect aupres, & au deſſus de l'eſcaillon. Et parce que pluſieurs hommes de cheual prennent la barre, & la genciue incifferemment l'vne pour l'autre, ie les aduiſe que pour mieux comprendre les iuſtes proportions de l'emboucheure, la genciue ſe doit entendre proprement tout ce qui eſt de plus ſolide au deſſous de la ſommité de la barre, au fonds de la leure.

PoVR reuenir à noſtre emboucheure à campanel, ie rediray qu'elle pourra eſtre propre à reſoudre la barre ſenſible, au ferme & temperé appuy de ſa main: à cauſe que le campanel remplit beaucoup, & porte eſgalement par tout, & meſme qu'il n'a rien qui ſoit aſpre ny raboteux, là où ſe voit en la ſuſdite figure la lettre c, qui eſt le vray endroit qui doit appuyer deſſus la ſommité de la barre: & le fonceau d'iceluy campa-nel ſepare de la genciue la leure trop charnue, & la loge ayſément entre ſoy, & le ply du banquet, en la place de la lettre d, tellement que gardant bien toutes ces meſures & proportions, le cheual qui aura la bouche de la ſuſdite nature, s'en trouuera bien embouché, pourueu, comme i'ay deſia dit, que la langue ne ſoit trop haulte, r y trop groſſe: & ſi lon reconoiſt en ceſte emboucheure que la langue n'y puiſſe trouuer ſa place ſuffiſante, il luy faudra donner ſon eſpace neceſſaire par des montees, & libertez ſemblables aux precedentes, comme il ſe void en ces autres figures.

Il y a vne nature de leure, qui n'eſt pas trop eſpaiſſe: mais bien ſi large & ſi molle qu'elle couure & arme facilement la genciue, & ſe trouuát preſſee par l'emboucheu-re, elle fait que la bouche du cheual demeure ouuerte, ou au moins amortie, & par

con-

confequent appefantit l'appuy de la main, à caufe qu'elle empefche que ce qui doit
appuyer deffus la genciue, ne peut prendre librement & nettement fa vraye place: or
en telle occafion, ce campanel fera fort propre eftant bien logé, parce que, comme
i'ay dit cy-deuant, le fonceau d'iceluy met & arrefte la léure entre foy, & le ply de
l'emboucheure, qui accolle le banquet, & par ce moyen la genciue demeure nette
deffous ce qui doit appuyer deffus icelle: & d'autant que d'ordinaire, ces léures font
les moins charnues, & celles qui laiffent plus de vuide entre elles & les gen̄ es, il
faut auffi tenir le fonceau du campanel plus hault que fi elles eftoient plus efpaiffes,
afin de les mieux feparer de la genciue: mais fans telle neceffité, cefte proportion figuree fera communément bonne.

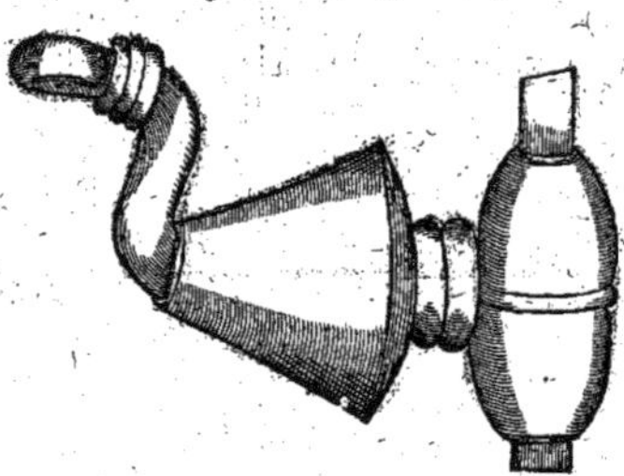

S i le fonceau de ce campanel eft plat, il feparera mieux la léure dure & efpaiffe de
la genciue, fans la faire border en dehors: mais quand la léure eft large & tenuë, le
fonceau voulté eft propre à la defarmer, & remplir enfemble.

AVTRES EMBOVCHEVRES QVI SONT PROPRES
*auſsi pour les cheuaux, qui ont les barres ſenſibles, & la langue aſſez menue,
ou ſuffiſamment enfoncee dedans ſon canal.*

CHAPITRE XI.

OVT ainſi que comme i'ay dit cy-deuant, il y a pluſieurs perſonnes qui penſent que le campanel ſimple & ordinaire donne beaucoup plus de liberté à la langue du cheual qu'il ne fait, auſſi font-ils la meſme erreur en l'emboucheure des poires. Ie ne veux pas dire que la langue ne trouue quelque ſoulagement en ceſt eſpace, qui ſe voit icy deſſous entre la lettre a, & le ply de l'emboucheure: Mais à la verité c'eſt trop peu, pour eſtre de liberté, comme il ſe peut comprendre par ceſte figure.

ET s'il y en a qui pour accroiſtre le peu de liberté de ceſte emboucheure ny a itre, hors mis le ſimple canon, la facent monter depuis le ply du banquet, iuſques à celuy du mitan, l'action en ſera faulſe dedans la bouche du cheual: car la maſchoire ſe trouuera trop preſſee & ſerree par le dehors, tellement que pour bien aſſeoir l'emboucheure en ſon lieu plus propre, il eſt neceſſaire qu'elle ſoit droicte, depuis le ply du banquet iuſques à l'endroit du B, qui eſt le poinct iuſte & limité, où ſe doit faire le vray appuy ſur la barre, comme il eſt icy repreſenté. Mais paſſé ce poinct, on peut haulſer le ply de l'emboucheure s'il eſt beſoin.

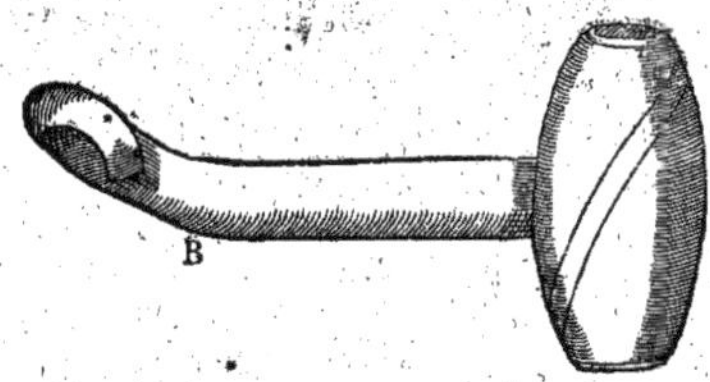

CESTE emboucheure donc ſe trouuera douce & plaiſante pour le cheual, cui ſera naturellement leger à la main, & qui aura la langue ſubtile: elle ne deſarmera pas tant comme le campanel: mais embouchera plus proprement la bouche, qui ne ſera trop fendue, & qui aura la léure bien proportionnee, & meſmes reſoudra ſouuent à l'appuy de la main, les barres qui ſeront fort ſenſibles, à cauſe que la groſſeur & rondeur de la poire accompaigne plus doucement la deſcente de la genciue, que ne fait la forme du fonceau du campanel. Et pour donner place à la longue, qui se trouuera trop pressee sous l'appuy de ceste emboucheure, il faudra vser des libertez & montees cy deuant figurees, hors-mis de celle à col rópu, qui selon les portraits precedens ne seroit suffisante, à cause que la poire estant logee en la façon qu'elle est cy-dessus representee, ne hausse pas tát l'emboucheure, comme fait la balotte, qui est entaillee aux escaches, & autres emboucheures, qui comme on a peu voir, representent les plis du mitan ou les montees plus hautes que l'ordinaire. Il faudra donc vser de la necessité des lágues grosses ou trop hautes de ces campanels & poires simples & ordinaires & des libertez & montees precedentes & plus commodes : gardant sur tout la distance des iustes endroits, qui doiuent appuyer dessus les barres.

Av cv n s tiennent de ces campanels & poires de telle longueur qu'il n'y a qu'vn fal, & quelquesfois entre le fonceau ou grosseur d'icelles, & le ply du banquet: mais quant à moy, ie n'vse pas souuent de telles proportions, parce que communément elles pesent & pressent auec tant d'incommoditez par les extremitez des grosseurs, que les léures s'eslargissent, faisants comme vn gros bord, qui est aucunefois estraint & offensé entre l'emboucheure & le crochet de la gourmette, de telle sorte qu'outre l'incommodité qui en procede, le cheual en fait vne contenance fort des-agreable. Ce qui particulierement me desplaist dauantage des effects de telles emboucheures, est qu'on voit paroistre les fonceaux des campanels, ou les grosseurs des poires, & mesmes l'escaillon du cheual en est descouuert, chose tres mal seante: car vne des particularitez qui embellit la bouche du cheual, est quand la léure se voit si proprement logee, qu'elle empesche de voir l'emboucheure: il faut aussi considerer en ces emboucheures, que tant plus on laisse d'espace pour la léure, tant plus faut-il faire les fonceaux des campanels, ou les culs des poires petits, parce que pour donner ceste liberté, on les approche tant des escaillons, que sans ceste preuoyance, ils en seront offensez ou incommodez.

Fal, est à dire en cest endroit vn aneau ou patinostre.

QVAND LE CHEVAL EST LEGER A LA MAIN,
& qu'il a la bouche fort fendue, & la langue assez basse.

CHAPITRE XII.

L y a des bouches fort fendues, qui ont les barres & genciues bien proportionnees, & de leger & temperé appuy, tant que l'emboucheure demeure en sa iuste place dessus les barres: mais aucunesfois estans eschauffees, elles boiuent la bride, & lors il se fait vn desordre qui desplace tellement toute l'emboucheure & la gourmette, que l'appuy en est du tout falsifié. En telle occasion, il est necessaire d'vser d'emboucheures qui remplissent assez. A quoy les imperiales, qui sont icy-apres figurees, apportent souuent beaucoup de commodité: parce qu'elles garnissent suffisamment depuis la place de l'appuy de la barre, iusques à l'extremité de la fente de la bouche.

c ij

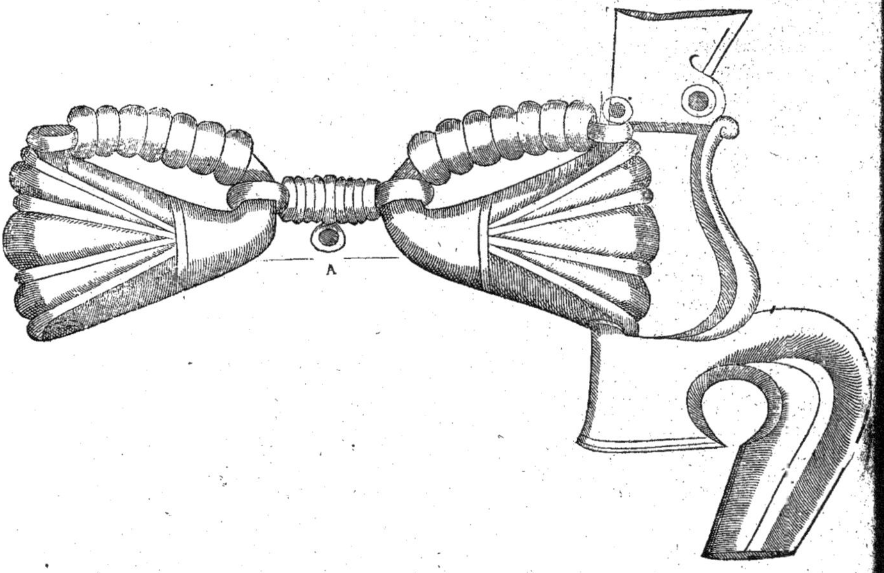

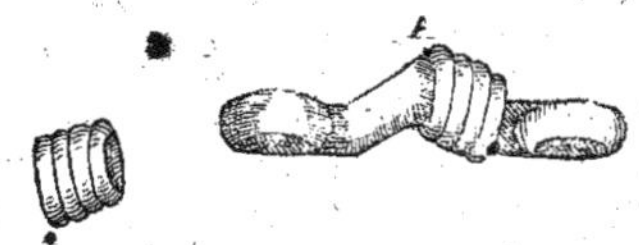

ON peut iuger par ceste figure, que si la langue du cheual est large, grosse, ou haulte, la distance qui se void entre les deux escaches, & celle de la ligne marquee A, iusques à la piece du mitan de l'emboucheure, luy donnera quelque commodité: & si ceste piece du mitan est faicte comme ceste autre petite figure marquee A, la liberté en sera vn peu plus spatieuse, & par consequent la bride plus plaisante.

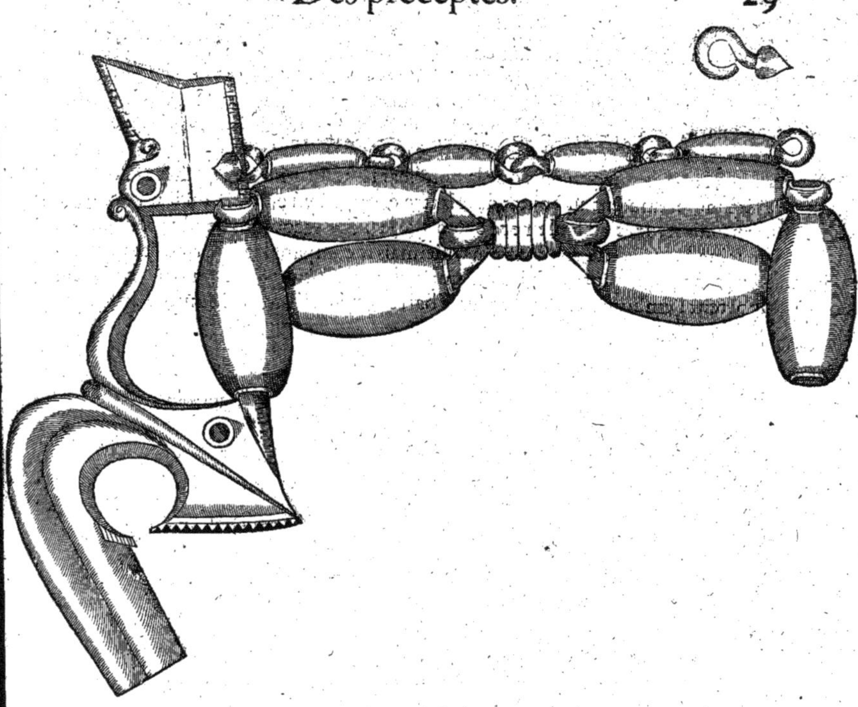

C E S deux emboucheures feront communément vn mefme effect, horf-mis que
les oliues feront plus propres pour les bouches moins frefches, à caufe qu'elles n'occuperont pas trop de place en leur ferme appuy , & auffi qu'elles rouleront par le
mouuement de la langue: & les efcaches emboucheront mieux les bouches efgarees
& fort fenfibles, parce que leur appuy fe fera auec moins de mouuemens.

L A difference qu'il y a de cefte emboucheure fuyuante à la premiere imperiale,
qui paroift eftre du tout femblable, depend de la longueur de la piece du mitan &
par confequent de la diftance des deux efcaches, & celles icy eftans plus voifines, feront plus propres aux bouches eftroictes de canal & de barres.

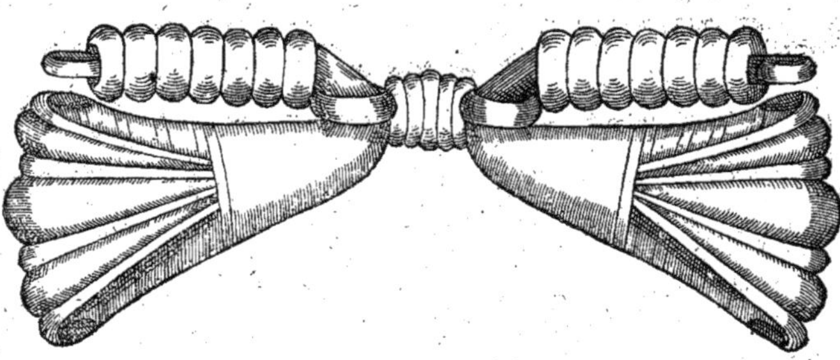

Parce que deſſous l'appuy des oliues & eſcaches, la léure peu: eſtre aucunesfois
trop contrainte, il ſe faudra ſeruir en telle neceſſité des autres imperiales à campanel-
les, ou à poires, qui ſont cy-apres repreſentees, leſquelles rempliront dauantage &
plus proprement: à cauſe qu'elles donneront quelque place vuyde à la léure eſpaiſſe, & deſarmeront d'autant la genciue: mais il faudra vſer des poires aux barres plus
ſenſibles, toutesfois ce n'eſt pas à dire que le campanel ayt rien de ſoy, qui puiſſe of-
fenſer la barre, beaucoup plus que la poire: car l'appuy principal de l'vn & de l'autre,
ſe fait indifferemment au poinct de la lettre e, qui eſt vn endroit où il n'y a rien de
rude ny raboteux, c'eſt ſeulement parce que la poire accompagne plus plaiſamment
la genciue, à cauſe de ſa rondeur plusvnie: mais le campanel la deſarme dauantage, &
c'eſt vne maxime, que tant plus l'on empeſche que la langue, la genciue, ou la léure
ſupportent l'emboucheure, tant plus la barre ſouffre viuement la dureté de l'appuy.

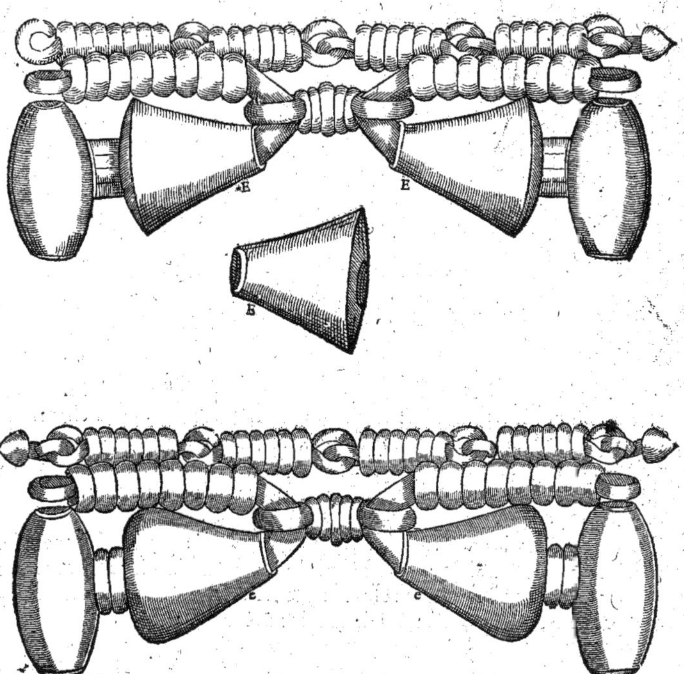

D O N C Q V E s ces emboucheures donneront quelque liberté à la langue mouuante & subtile, & si elle est fort basse, on pourra entailler à la piece du mitan, vne petite rouëlle, ou vne pommette qui luy apportera quelque plaisir dauantage, & aucunesfois la rouëlle estant assez haulte diuertira la langue trop longue foible, ou pesan-
te de sortir de la bouche, si elle y est accoustumee, mais la langue estant trop haulte,
ces pommettes & rouëlles la presseront incommodément, & la feront deuenir noire,
parce qu'elles occuperont la liberté, qui pourroit estre entre la ligne de la lettre A,
& la piece du mitan de l'emboucheure, comme il est icy representé.

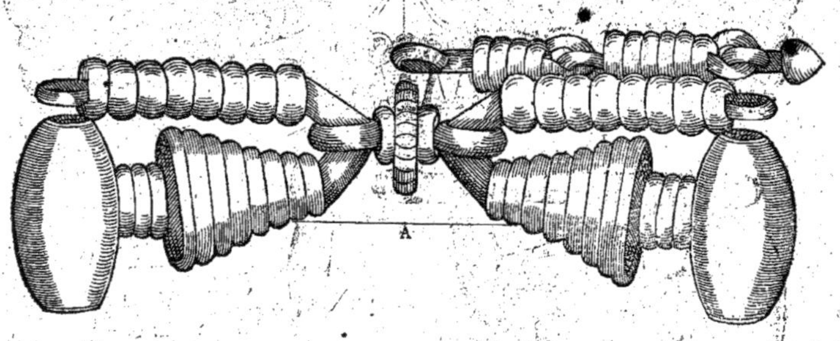

I E diray ailleurs les effets de ces campanels faillis, que ie n'ay mis en ce lieu que
seulement pour accompagner la figure de ceste emboucheure.

S i aux susdites formes & temperament de fente, de barre, de genciue, & de léure
la langue se trouue si grosse ou si haulte, qu'elle ne se puisse loger en la liberté de ces
imperiales, sans estre trop pressee, il faudra lors vser des autres emboucheures ouuertes, & de deux prises, qui sont cy-apres figurees, proportionnant en icelles la montee
selon l'action & la haulteur de la langue, à sçauoir, ny trop haulte, ny trop basse, & la
piece qui doit appuyer dessus la barre, selon aussi la nature de la bouche, c'est à dire,
ny trop rude, trop douce, trop grosse, ny trop petite.

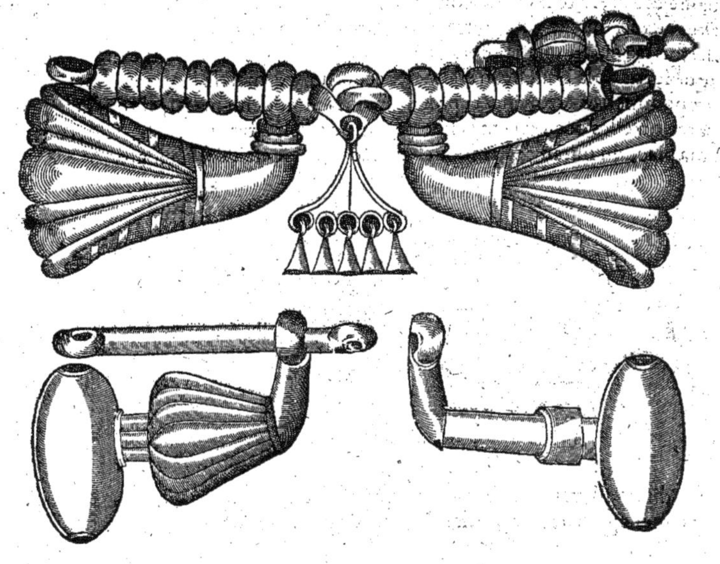

POVR LES BOVCHES QVI ONT L'APPVY PLVS
dur, ou plus peſant qu'à pleine main.

CHAPITRE XIII.

QVAND le cheual a l'appuy de la bouche plus dur, ou plus peſant qu'à
pleine main, il faut conſiderer d'où procede ceſte durté ou peſanteur:
car elle peut naiſtre de foibleſſe naturelle, ou de quelque doulceur particuliere & accidentale, qui le tiendra aux iambes, ou aux pieds, ou de
trop de fougue & d'apprehenſion, ou à faute d'haleine, & aucuneſfois ſeulement de
confuſion, ou de deſeſpoir: quand telles imperfections arneineront la difficulté de
la bouche, ie ſuis d'auis qu'on ayt, comme i'ay deſia dit ailleurs, le premier récours
au temps neceſſaire, à la bonne nouriture, aux remedes de la ſanté, & apres au moderé & bon exercice d'eſcole, bien & patiemment pratiqué, auec le ſimple mors à
canon, & le caueſſon, afin de diſpoſer peu à peu le cheual aux bons effects d'vne bride plus iuſte, & plus artificielle.

Il faut encores conſiderer que le cheual peut auſſi-toſt tirer ou peſer à la main, à
cauſe de l'eſpaiſſeur exceſſiue de la langue ou des léures & genciues, qui deffendront
trop les barres de l'appuy des douces emboucheures, que pour la durté des barres.

OR quand la barre, qui rendra l'appuy plus fort ou peſant qu'à pleine main, ſera
plus dure que trop charnue, & de mediocre haulteur, & que la langue ne ſera trop
haulte, ny les léures & genciues trop eſpaiſſes, on pourra vſer de meſons; car à cauſe

de leur groſſeur & rondeur, ceſte barre n'en ſera ſi toſt offenſee qu'elle ſeroit de quelque autre emboucheure rude, qui rempliſt moins: & ces melons eſtans faits à coſtes
arrondies, comme ils ſont icy figurez, le cheual en pourra craindre l'appuy, & par
conſequent en rendra plus d'obeïſſance & de legereſſe, que s'ils eſtoient vnis.

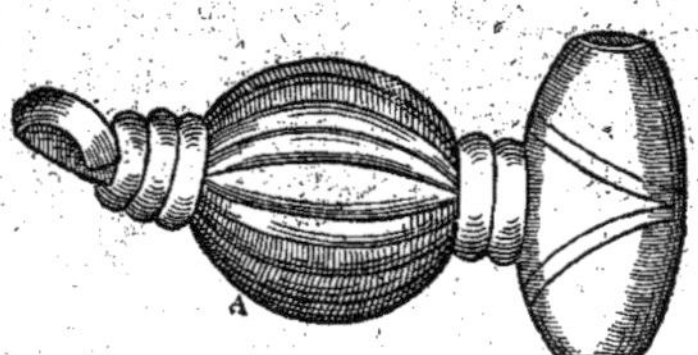

Si en ce melon la leure ſe trouue trop preſſee, ou s'il eſt tant ſouſtenu par icelle que
le vray appuy de la barre en ſoit empeſché ou falſifié, le campanel ou la poire gaude-
ronnee, qui ſe verront cy-apres, deſarmeront beaucoup dauatage & garniront commodement la bouche fort fendue, meſmement ſi elle n'eſt trop charnue: & la poire
ſera moins rude que le campanel, pour les raiſons cy-deuant deduites, ſur le propos
des emboucheures precedentes: & pour eſclaircir ceux qui voudront bien ſçauoir laquelle de ces trois dernieres pieces offence plus la barre, ie diray que c'eſt preſque in-
different: car ſi le melon par ſa groſſeur & rondeur appuye plus amplement deſſus la
barre au droit de la lettre A, le campanel & la poire accompaignent mieux la deſcente de la genciue, iuſques au poinct de la lettre E: & partant la barre n'eſt preſque ny
plus ny moins offenſée de l'vne de ces emboucheures, que des autres, hors-mis que
d'autant que le campanel deſarme plus que la poire, ny le melon, il doit auſſi appuyer
deſſus la barre & genciue plus viuement, c'eſt à dire, auec moins d'empeſchement, &
cela le peut rendre aucunement plus fort. Toutesfois ſi l'extremité du fonceau, là
où ſe void la meſme lettre e, deſcend ſi bas qu'il puiſſe faire vn ſecond, & aſſez ferme
appuy au fons de la genciue, la barre en ſera d'autant ſoulagee. C'eſt vne proportion
particuliere, que i'expliqueray mieux en lieu plus exprés.

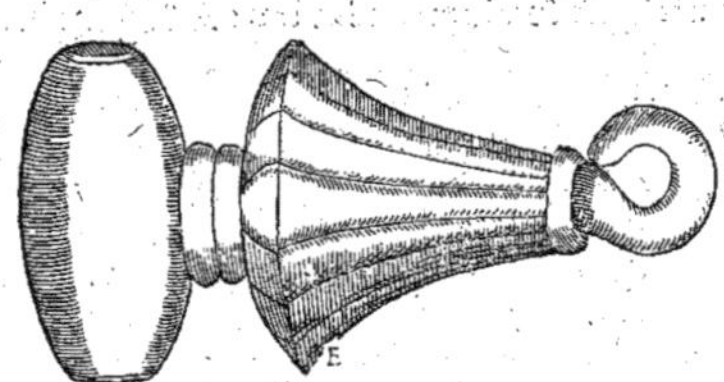

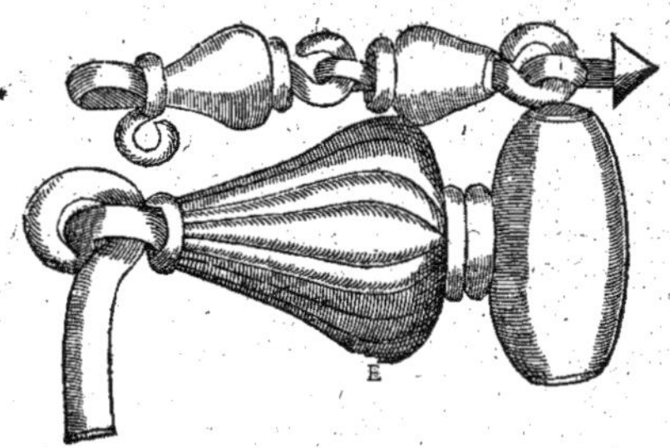

Ceste poire ainfi gaudronnee fe peut mettre à la renuerfe pour la commodité
de la langue, felon les occafions que i'ay defia dit au difcours des premieres poires:
mais à caufe des gauderons, l'emboucheure en fera fort rude. Voyla pourquoy ie n'approuue pas qu'on en vfe, fi le cheual n'a la bouche extraordinairement grande, & la
barre fort efpaiffe, & prefque infenfible: quant aux campanels vnis ou gauderonnez,
ie ne fuis non plus d'auis qu'on les renuerfe: car fans doute le trenchant & ioincture
du fonceau offenfera trop la barre & la genciue, fi l'emboucheure eft iuftement fi-
tuee dans la bouche du cheual: & fi la diftance de ces campanels eft trop fpatieufe,
l'appuy trebuchera & coulera par le dehors des barres, & par confequent auffi fe treu-
uera faux.

Qvand la durté extraordinaire des barres vient d'abondance du chair, ou autrement de leur exceffiue efpaiffeur, & mefmement fi elles font fort baffes, les rouëlles
d'icy aprés feront aucunesfois propres à telle forme & temperament de barres: par ce
que ces rouëlles eftans plattes & affez haultes, elles appuyeront plus viuement, & à
caufe auffi que les leures fe trouueront placees & arreftees en ce vuide, qui fe voit au
lieu de la lettre à, de forte qu'elles ne pourrót deffendre les barres : mais ie n'entends
pas que pour ceft effect on face communément les rouëlles plus hautes, ny plus plattes qu'elles font icy figurees: au cótraire ie blafme l'vfage de celles, qui par leur haulteur & viuacité meurtriffent & vlcerent les barres & genciues.

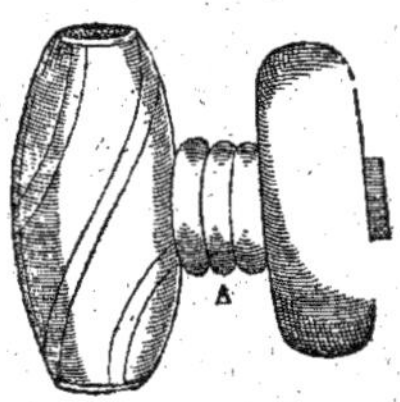

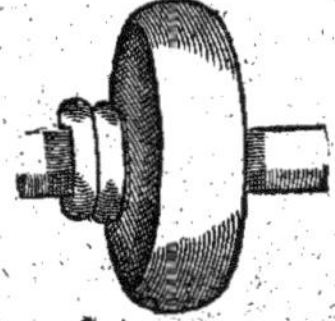

a de liberté, tant plus la barre & genciue souffre viuement la violence de l'appuy de
l'emboucheure, il ne faut pas seulement proportionner la montee de la liberté selon
la haulteur de la langue: mais elle se doit aussi r'apporter au temperament de la barre: & comme i'ay dict ailleurs, ces montées se doyuent mesurer au poinct là où se fait
l'appuy dessus la barre: & pour compasser iustement les haulteurs qu'on voudra donner aux libertez de la langue, en faisant les portraits, il faut tirer les lignes qui se verront cy-apres en la prochaine figure, & garder l'ordre des poincts monstrez par les
compas: & pour verifier les mesures iustes de la bride, qui aura esté ordonnee, ou telle
autre qu'on voudra, il se faudra seruir d'vn peu de fil ou ficelle, au ieu des lignes representees. On pourra voir aussi (en la mesme figure) par la demonstration du compas
plus hault, comme l'on doit mesurer la largeur generalle de l'emboucheure.

Pour bien loger dedans la bouche du cheual, non seulement ces rouelles, mais
aussi les balottes, melons, & poires renuersees, il faut recognoistre soigneusement la
distance des barres, & sur tout leurs haulteurs, & tant plus on les trouuera haultes,
tant plus faudra-il tenir les rouelles basses, espaisses, & arrondies, ou haultes & plattes,
selon que les barres seront basses: car si on vsoit d'vne rouelle fort haute sur vne barre
assez releuee, l'emboucheure se trouueroit trop voisine du palais: & si la rouelle estoit
trop platte, l'appuy en seroit si aspre qu'il en blesseroit & falsifiroit la barre, & toute
la genciue: à cause que les barres haultes sont communément les plus sensibles & delicates, d'autant qu'elles sont moins pourueües de chair que les basses, & que par leur
haulteur elles donnent plus d'espace & de commodité à la langue en son canal: & par
consequent soustiennent l'action de l'emboucheure auec moins de soulagement;
c'est pourquoy elles doiuent estre plus coseruees: & au contraire les plus basses sont
d'ordinaire comme insensibles, parce qu'elles sont trop rondes, espaisses, & charnues,
& que par ces imperfections la langue ne pouuant auoir espace suffisant en son canal,
ayde beaucoup à telles barres, pour soustenir & endurcir l'appuy de l'emboucheure, mesmement quand elle n'est point ouuerte. Et pource on doit aueunesfois
emboucher la bouche de ceste nature auec des rouelles plattes, pour rendre leur appuy plus fort: & assez haultes, pour laisser la langue plus libre.

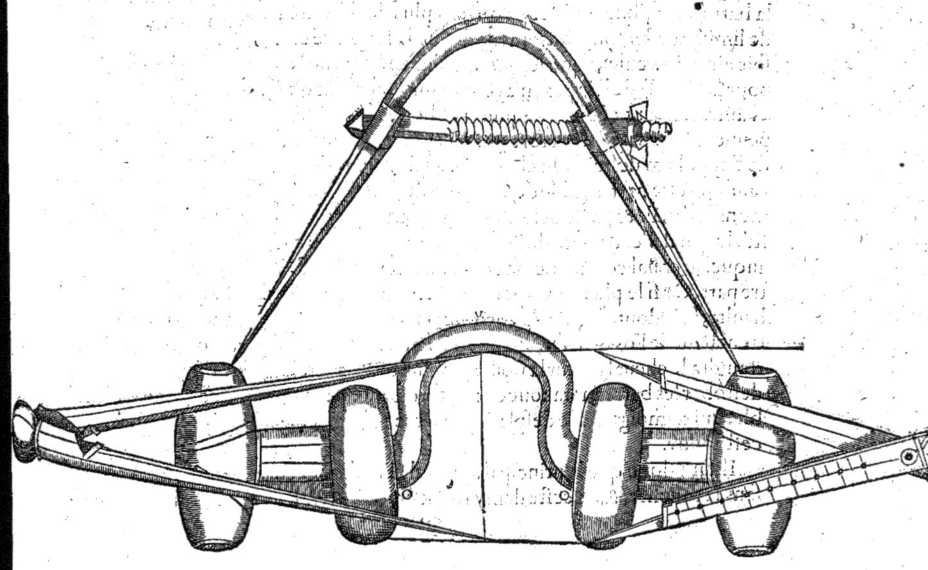

L E bon homme de cheual iugera facilement par cefte embôucheure figuree, que en toutes les montees & libertez, la commune mefure qui fe compaffe faifant vn des poincts du compas, là où fe voit la lettre o, & l'autre à la lettre v, eft faulfe fans aucun doute: car l'appuy de la barre ne fe fait pas à l'endroit de la lettre d'embas, ny a langue ne peut arriuer à celuy de la lettre d'enhaut.

I E fçay que l'efpace de la liberté, qui fe voit entre ces rouëlles fe trouuera plus large que la premiere mefure: mais c'eft parce que faifant leur effect auec plus de violence que les emboucheures precedentes, elles doiuent appuyer plus fur le dehors de la barre, & pour cefte raifon, i'ay dit qu'elles font propres aux barres efpaiffes, dures & baffes: & pour empefcher qu'elles ne tres-buchent hors la genciue, à caufe de cefte largeur de liberté, il faut qu'elles foient entaillees vn peu en biais, comme il eft reprefenté en leur figure: & notamment ie diray encores fur ce propos, que fi le cheual tire ou pefe à la main, & que la bouche fe bleffe facilement, il eft neceffaire d'augmenter difcrettement la rudeffe & fubiection de la gourmette, foit en la forme, ou en la mefure: & fi la barbe eft trop fenfible, & l'interieur de la bouche affez folide, il faut par confequent que l'appuy de la gourmette foit doux, & celuy qui fe fait fur la barre affez fort, pourueu qu'il n'en bleffe aucune partie. I'expliqueray ailleurs la difference des gourmettes, & celles que i'approuue plus pour mon vfage.

RECEPTE PRINCIPAL, POVR BIEN LOGER SVR LA
barre, la partie de l'emboucheure propre pour le vray appuy de la main.

CHAPITRE XIIII.

L n'eft celuy qui fe mefle de bien emboucher le cheual, qui ne foit foigneux de chercher les moyens d'appuyer l'emboucheure deffus les barres, enuiron vn petit demy-doigt plus hault que l'efcaillon: mais tous les Caualerices ne fçauent pas bien le poinct du iufte lieu, auquel fe doit faire ce vray appuy, mefmement quand l'emboucheure donne liberté à la langue, foit eftant ouuerte, ou par la haulteur, ou groffeur de ce qu'ils veulent loger deffus la barre: & la plufpart de ceux qui ont plus de fubtilité, tafchent par leur induftrie de limiter ceft appuy, iuftement deffus la fummité & le trenchant de la barre: qu'il foit ainfi, ils veulent que les poincts des endroits de l'emboucheure, qu'ils dedient pour la iufteffe de l'appuy, n'ayent communement qu'vn poulce de diftance de l'vn à l'autre, laiffant ceft efpace pour la liberté de la langue: mais en cefte mefure ils peuuent faire vne erreur fort grande. Car il faut confiderer la proportion naturelle de l'os de la mafchoire du cheual, lequel comme l'on peut voir par l'anatomie, eft caué en cefte partie par le dedans, afin de donner à la langue la place que nous nommons le canal, & par le dehors, il eft comme demy rond & au haut de la barre du cofté du canal, l'extremité de l'os eft prefque trenchante, à caufe que c'eft l'endroit auquel le canal commence fa concauité, & mefmes il en eft moins charnu qu'en autre part. Or fi le plus fort appuy de l'emboucheure fe fait deffus cefte partie plus haulte, fans doute le peu de chair qu'il y a d'ordinaire, trouuant fort preffee entre le trenchant de l'os & le fer, aucunefois fera tellement offenfee, que la douleur contraindra le cheual à tenir la bouche ouuerte, & cherchant les moyens d'efquiuer & defrober les barres, fera fouuent les forces ou quelque autre contenance defagreable, qui tefmoignera le defplaifir qu'il receura en l'importunité, & incertitude de ceft appuy.

Il faut donc que le principal appuy de l'emboucheure fe face pres de l'efcaillon, fans le toucher, & en cefte demy rondeur, qui eft au hault de la barre du cofté de dehors

hors:mais tout ainſi qu'on doit euiter que ceſt appuy ne ſe face directement deſſus la
partie trenchante, là où le canal commence ſa concauité, il ſe faut auſſi bien garder
de faire l'appuy, tant à l'extremité du dehors de la barre, que l'embocheure puiſſe
trebucher deſſus le bas de la géciue : car la ſituation de l'embocheure en ſeroit faulſe, & par conſequent ſon appuy deſordonné : & pour mieux garder la commune iuſteſſe de ceſte meſure, ie l'ay voulu obſeruer en toutes, ou en la pluſpart de ces emboucheures figurees.

EMBOVCHEVRES PROPRES AVX CHEVAVX QVI
ont les barres haultes & dures, & la bouche ſeche.

CHAPITRE XV.

VOY que i'aye dit cy-deuant que d'ordinaire les barres haultes ſont les
plus ſenſibles, ſi eſt-ce qu'il ſe trouue aucunesfois des cheuaux, qui de
leur naturel ne laiſſent pas pour ceſte haulteur, de les auoir dures ou en-
callies par accidents, ſur leſquelles on ne doit que par grande neceſſité
appuyer balottes, rouëlle, poire renuerſee, ny autres pieces, qui par leurs formes
tiennent l'embocheure releuee: car ſi tel appuy ſe faiſoit iuſtement au hault de la
barre de ceſte nature, il en ſeroit trop violant, à cauſe qu'il ne pourroit eſtre ſouſtenu, ny accompaigné de la genciue, (eſtant trop droite) ny la léure, ny meſmes que
fort peu de la langue: & ſi l'appuy en eſtoit fait ſur la rondeur du coſté hors la barre,
l'embocheure trebucheroit facilement en deſcendant par la genciue, n'y trouuant
place ſuffiſante pour s'arreſter aſſez fermement. En telle occaſion le campanel gauderonné & precedent ſera propre auſſi ceſt autre campanel fally, parce qu'en ap- Fally, fait
puyant deſſus la barre il accompagnera aucunemét la deſcente de la genciue,eſtant à fals, ou
ainſi fait en groſſiſſant par le dehors: & ſelon que la léure ſera large, eſpaiſſe, ou plat- rouëlles.
te, il luy faudra laiſſer ſon eſpace neceſſaire, oſtant ou adiouſtant vne piece en ce
campanel fally, qui eſt icy figuré; & outre que ceſte embocheure garnira proprement telle barre & genciue,elle rendra ſouuent par ſes mouuemens roulez la bouche
fraiche, pourueu que la langue ne ſoit naturellement immobile, & qu'elle ayt ſa
place & liberté ſuffiſante.

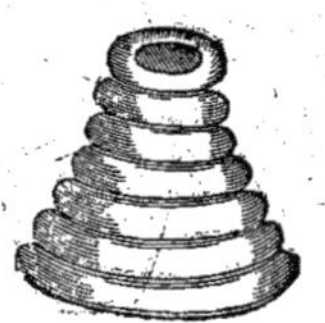

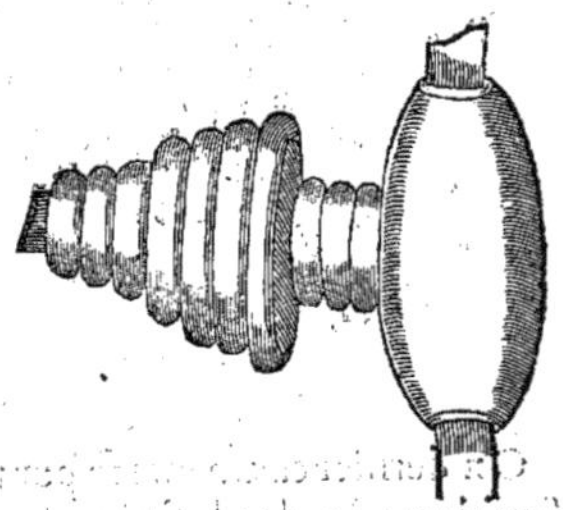

Il ſemblera peut-eſtre à quelqu'vn que ſelon les proportions precedentes, la diſtance de ces campanels faillis ſoit trop eſtroitte,à cauſe qu'ils appuyerót deſſus l'endroit extreme de la barre, que i'ay cy-deuát reſerué:mais ie veux aduertir ceux qui ſeront en ce doute, qu'en ceſte exception il n'y a point de danger que ce campanel,
appuyant deſſus la barre, arriue iuſques au bort du canal, parce qu'eſtant formé
en groſſiſſant par le dehors, il accompagnera la proportion de la genciue en telle
ſorte, que le plus ferme appuy de l'embocheure ſe fera aux lieux de la lettre A,

d

representez en ceste autre & prochaine figure, & par consequent la barre sera entierement garnie, sans que l'endroit extreme de la lettre E, puisse trop presser la partie
plus sensible de la barre, qui comme i'ay dit, finit sa demie rondeur par la concauité
du canal. Suyuant ces raisons il est permis en ceste necessité de faire l'appuy de ce
campanel en courant & trauersant du tout la barre & genciue.

C E campanel fally paroistra aussi plus rude que ceux qui sont gauderonnez en
long, à cause qu'il est de plusieurs pieces plattes, & gauderonnees: mais ce sera tout le
contraire: en quoy il faut considerer que les rouëlles appuyent au long de la barre, &
que les gauderons des campanels precedents la trauersent, & partant l'appuy en est
plus violent: toutesfois ceste difference n'est pas grande, pourueu que les extremitez
des rouëlles, comme des gauderons, soient bien arrondies, que leur largeur soit es-
gale, & que les campanels ne soient plus petits que les poires. Car cuoy que plusieurs
tiennent que les emboucheures, ausquelles il y a moins de fer, soient les plus douces,
si est-ce que l'experience nous apprend assez, que communément celles qui remplis-
sant dauantage, offensent moins les barres; i'entends si le subiect des appuys en est
semblable: voila pourquoy l'appuy de la bride se doit faire d'ordinaire auec moins de
fer dessus la barre espaisse, & trop charnue, que si elle estoit haulte & sensible.

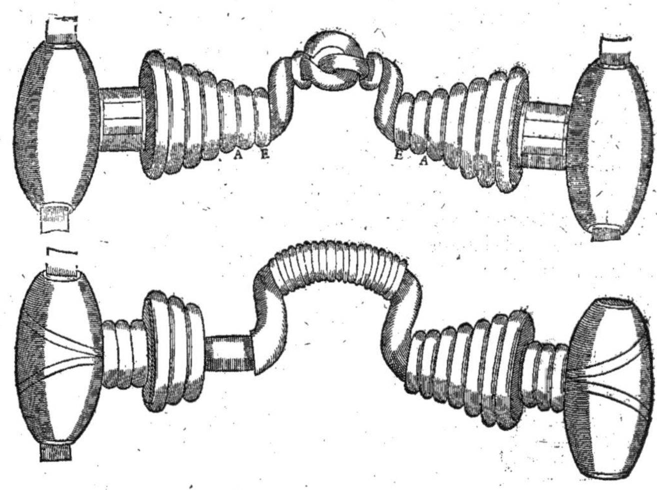

C E dernier campanel se pourra faire entier, & gauderonné en rond, de façon qu'il
semblera estre de plusieurs pieces: mais parce qu'il aura moins de mouuemens, il
donnera moins de subiect à la bouche seche de se refraischir & humecter.

QVAND LES BARRES SE ROMPENT, OV
meurtriſſent facilement ſous le ferme, & temperé appuy de l'embouchéure,
meſmement quand elle eſt ouuerte.

CHAPITRE XVI.

'E s t vn grand deſplaiſir au Caualerice, quand d'auſſi toſt qu'il veut ramener & mettre en bon lieu la teſte du cheual qu'il exerce, ou qu'il le veut reſoudre à vn ferme & temperé appuy de bouche, il en void ſortir le ſang,
ou qu'il ſent à la main quelque mouuement faux & irreſolu. Aucuneſfois
cela procede de la haulteur exceſſiue, ou de la delicateſſe naturelle de la barre: car
par ceſte haulteur ſuperflue, le canal ſe trouue plus creux, auquel par conſequent
la langue ſe loge ſi commodément, qu'elle en eſt moins contrainte de ſouſtenir,
s'il eſt beſoin, l'appuy de l'emboucheure, quoy qu'elle ſoit fermee. D'autre-part les
barres haultes ſont d'ordinaire les plus ſenſibles, parce (comme i'ay deſia dit) qu'elles ſont moins charnues, que celles qui ſont baſſes. Ceſte tendreſſe extraordinaire
de barre peut naiſtre auſſi des meurtriſſeures & vlceres, que la diuerſité des emboucheures mal ordonnees y auront fait ſi ſouuent, que les cicatrices n'en auront peut
eſtre bien conſolidees en ſi peu de temps que le Caualerice impatient ſe ſera faict
à croire.

L e s meſmes imperfections peuuent auſſi venir de ce que la langue eſtant trop
haulte ou groſſe, aura eſté ſi fort preſſee par les emboucheures fermees & trop plattes, qu'elle en ſera eſbrechee, & ordinairement vlceree; ou quand les léures aurót eſté
trop eſtraintes ou bleſſees par des pieces mal polies, ou mal iointes. Il faudra donc
bien iuger la cauſe de ce ſang, & du battement de main: Et ſi ceſte delicateſſe de barre
ne procede que du propre naturel, on vſera du ſimple mors à canon, ou des canes &
autres emboucheures precedentes, que i'ay repreſenté plus propres à la tendreſſe de
la bouche, iuſques à ce qu'elle ſoit aſſeuree aux fermes mouuemés de la bonne main:
ou ſi la barre qui eſtant ſaine auroit peu ſouffrir naturellement & ſans incommodité,
vn ferme appuy, ſe trouue corrompue par les vlceres ſouuent ſuruenus, ou par les cicatrices mal guaries, ces emboucheures plus proches leur apporteront commodité,
& ſoulagement: d'autant que par la haulteur des demy-poires, & à cauſe de leur diſtance extraordinairement eſlargie, l'appuy principal d'icelles ſe fera par le dehors de
la barre deſſus le fons de la genciue: de ſorte que par ce moyen la barre ſera garen-
tie de la peſanteur & incommodité de l'appuy de telle emboucheure.

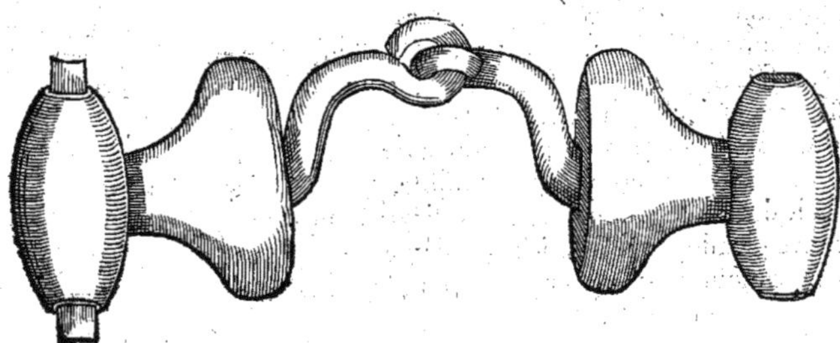

S i l'irreſolution de l'appuy de la bouche ne vient que de la langue, ou de la léure
offenſées, il ſuffira de leur donner, comme i'ay deſia dit en autres diuers lieux, telle-

place au mitan de l'emboucheure,& contre le ply du banquet,qu'elles puiſſent eſtre
garenties de l'incommodité, & de la douleur qui contraindra le cheual à craindre la
bride, & à battre à la main.

OR en ces demy-poires logees, comme elles ſont icy deuant figurees, il faut conſiderer vne difference notable : aſſauoir que ſi elles ne ſont que deſarmer la genciue
de la barre trop eſpaiſſe, ou trop grande,le principal appuy de l'emboucheure en ſera
incertain, & offenſera touſiours la barre mal ſaine & corrompue : mais ſi les demy-
poires ſont aſſez haultes,pour appuyer deſſus le fonds de la genciue,la barre en pourra eſtre d'autant ſoulagee. Ie ſçay bien que ceſt appuy eſt extraordinaire, & que ſans
neceſſité il ne ſe doit pratiquer : toutesfois i'ay autresfois eu en ma charge, des cheuaux qui auoyent les barres trop haultes, trop ſenſibles, ou trop proches l'vne de
l'autre, leſquels ayans pluſieurs fois refuſé les commoditez de maintes brides differentes,& iuſtement proportionnees,il a fallu que ie les aye embouchez de façon que
pour vn temps l'appuy de l'emboucheure ſe ſoit entierement faict par le dehors au
fonds de la genciue, ſans que choſe quelconque ayt touché le deſſus de la barre; &
par ce ſeul moyen ces cheuaux ont en fin porté la teſte & le col en belle & bonne poſture, & meſmes ont obey legerement, aux fermes actions de la bonne main, quoy
qu'il ſemblaſt à voir leurs mors, qu'ils fuſſent mal ordonnez, & qu'ils trebuchaſſent
au dehors de la barre,à cauſe de la diſtance des demy-poires ou rouëlles, qui eſtoit
beaucoup plus large que l'ordinaire:& voicy le deſſein d'vne emboucheure,qui ſemble eſtre faulſe, auec laquelle i'ay aſſeuré vne bouche la plus eſtroite de barres, plus
corrompue, & en tout mal-ayſee, qu'on euſt ſçeu voir.

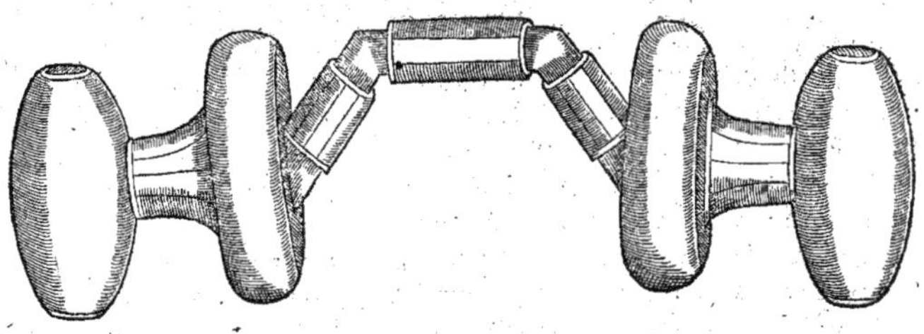

EN ceſte occaſion la haulteur & groſſeur de ces rouëlles & demy-poires, ſe doit
obſeruer ſelon que la barre ſera haulte, tant afin qu'elle ne reçoiue aucune incommodité,à faute que l'emboucheure ne ſoit ſouſtenue aſſez hault,que pour euiter que
la genciue ſoit trop violentee par la haulteur ſuperflue des rouëlles: & la difference
des effets de ces deux appuys eſt que la rouëlle ſera propre pour la genciue, moins
haulte & plus eſpaiſſe,à cauſe qu'elle appuyera plus viuement: & la demy-poire pour
celle qui ſera moins charnuë & plus ſenſible, parce qu'elle garnira & remplira dauantage par le dehors & partant on peut auſſi iuger que l'appuy de l'emboucheure, qui
ſe fait auec plus de groſſeur & de rondeur vnie & bien polie,eſt plus doux que celuy,
qui occupe moins de place dans la bouche du cheual.

QVAND LA LANGVE EST TROP HAVLTE, LE
palais trop charnu, & la maschoire fort estroite.

CHAPITRE XVII.

V N E des plus grandes difficultez qu'on ayt trouué, iusques depuis enui-ron vingt ans en ça à bien emboucher le cheual, a esté quand il a eu en-semble la langue grosse ou fort haulte, le palais trop plein, & la maschoire trop estroite. La raison est, que ne donnant la liberté suffisante à ceste gros-seur de langue, elle s'enfloit & se noircissoit en l'exercice, sous l'appuy de l'embou-cheure, qui est vne imperfection, (outre sa mal-seance) dont l'appuy de la bouche est assoupy: & quand on tenoit la montee de la liberté assez haute, elle touchoit & pous-soit le palais trop charnu, lors que le cheualier vouloit mettre la teste & le col du cheual en bon lieu, & par ce moyen la bouche demeuroit necessairement ouuerte, les maschoires faisant souuent les forces, ou quelque autre contenance desagreable: à quoy on n'auoit sceu trouuer le vray remede, iusques à ce que le Sieur Iean Bapti-ste Pignatel inuenta ce padane, qu'on nomme à la Pignatelle, lequel fait ensemble plusieurs bons effects propres aux susdites imperfections: car par la commodité on peut donner tant de liberté qu'on veut à la langue trop grosse ou trop haulte, sans offenser le palais, encore qu'il soit fort plein, & sans contraindre la bouche de demeu-rer ouuerte: à cause qu'en ramenant la teste du cheual par l'action de la branche, ce padane ne peut violenter en aucune sorte le palais, ains il cede & trebuche en arriere aussi-tost qu'il y touche: outre ce, il garentit la barre du dommage qu'elle receuoit par les plis des autres padanes antiques & communs, qui se lient à l'emboucheure, lesquels n'offensent pas seulement les barres, mais ils empeschent que ce qui doit estre destiné pour appuyer dessus icelles, ne se peut iustement loger ny arrester en son vray lieu: qu'il soit ainsi, les bons Caualerices sçauent par experience que si l'ap-puy de l'emboucheure à padane commun se fait iustement, comme il doit estre, des-sus la barre, les plis d'iceluy se trouuent si pres l'vn de l'autre, & occupent tellement le passage de la langue, qu'elle ne peut qu'à grande difficulté entrer dedans l'espace de telle montee.

I'A Y memoire d'auoir veu vn cheual d'Espaigne, lequel ayant passé la langue par force dedans vn tel padane, elle s'esla si fort durant l'exercice, seulement d'vn quart-d'heure que quand le pallefrenier le voulut desbrider, ce cheual qui auoit la bouche sensible & fort delicate, se sentant ainsi retenu entre les plis du padane, haussa la teste, & se cabra de telle violence, qu'il s'arracha la langue: ie pourrois encore dire d'autres accidens, que i'ay veus arriuer pour d'occasions semblables: mais le discours en seroit peut estre trouué prolixe: il me suffit donc que ceux qui auront tant soit peu de iuge-ment en cest art pourront considerer que ce n'est sans cause, si nous auons laissé presque du tout l'vsage de tels padanes.

L E S montees d'vne piece, & celles à pied de chat, à fourchette, & à couldoye, occu-pent beaucoup moins l'entree de la liberté de la langue, que ne font ces anciens pa-danes: toutesfois encores donnent-elles quelque incomodité, mesmement quand la maschoire est fort estroite: c'est en quoy sont propres & necessaires les emboucheu-res à la pignatelle cy-apres figurees, là où se voyent les demy-poires renuersees, les campanels, les balottes, & les rouelles, monstrant estre faites & entaillees de façon, qu'elles laissent le passage de la langue vuide & net: & par ce moyen on peut mieux situer le vray appuy dessus les barres trop voisines, qui par consequent tiennent la

langue trop haulte. Il est vray que ces padanes à la pignatelle ne se peuuent accommoder, pour bien faire leurs meilleurs effects, qu'ils ne tiennent de l'entier, & les emboucheures entieres donnent communément moins de desplaisir, que celles qui se
plient. Mais il faut considerer qu'en la bouche du cheual l'on ne peut assez remedier
à vne imperfection particuliere & mal-aysee, sans diminuer la commodité de quelque autre partie.

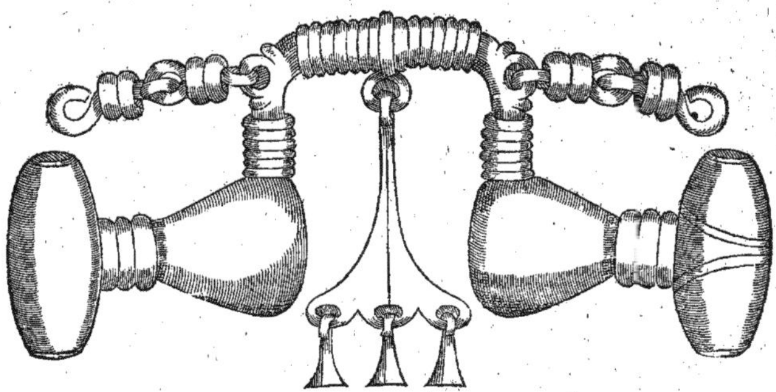

Si la léure du cheual est tant espaisse, ou grande, qu'elle couure ou arme trop la
barre & genciue, la rouëlle qui se voit en ceste autre figure, remediera à telle imperfection. On peut aussi veoir en la mesme figure, comment les padanes à la pignatelle
doiuent estre liez aux emboucheures dedans ces poires, campanels & balottes.

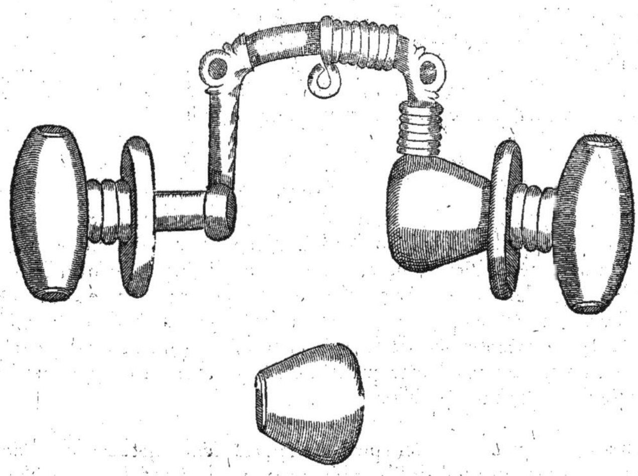

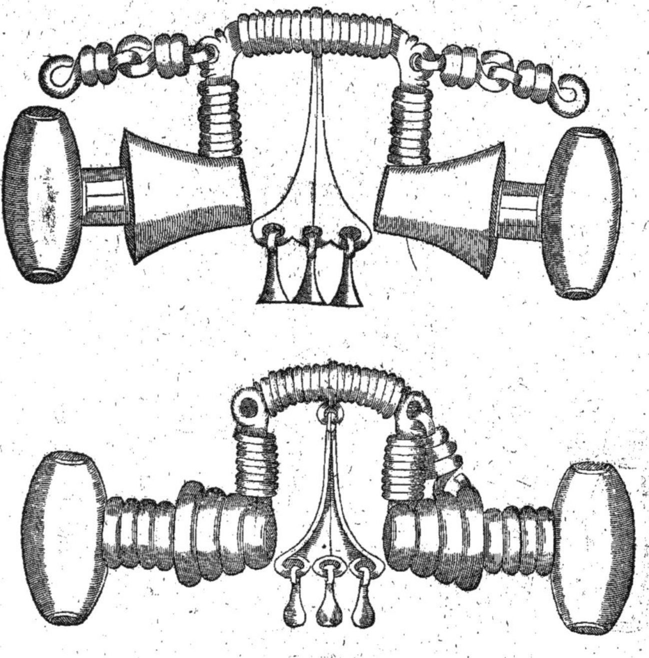

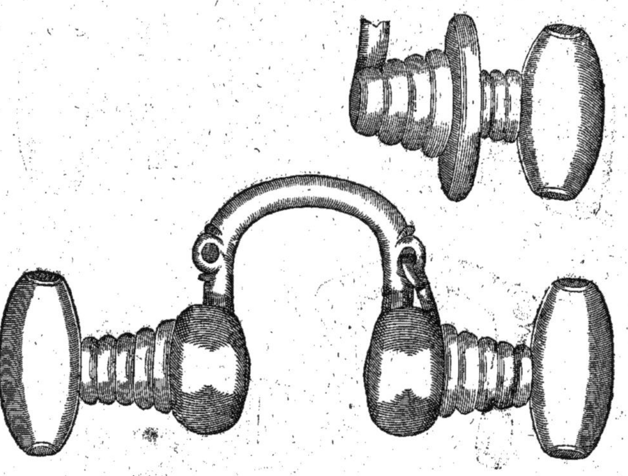

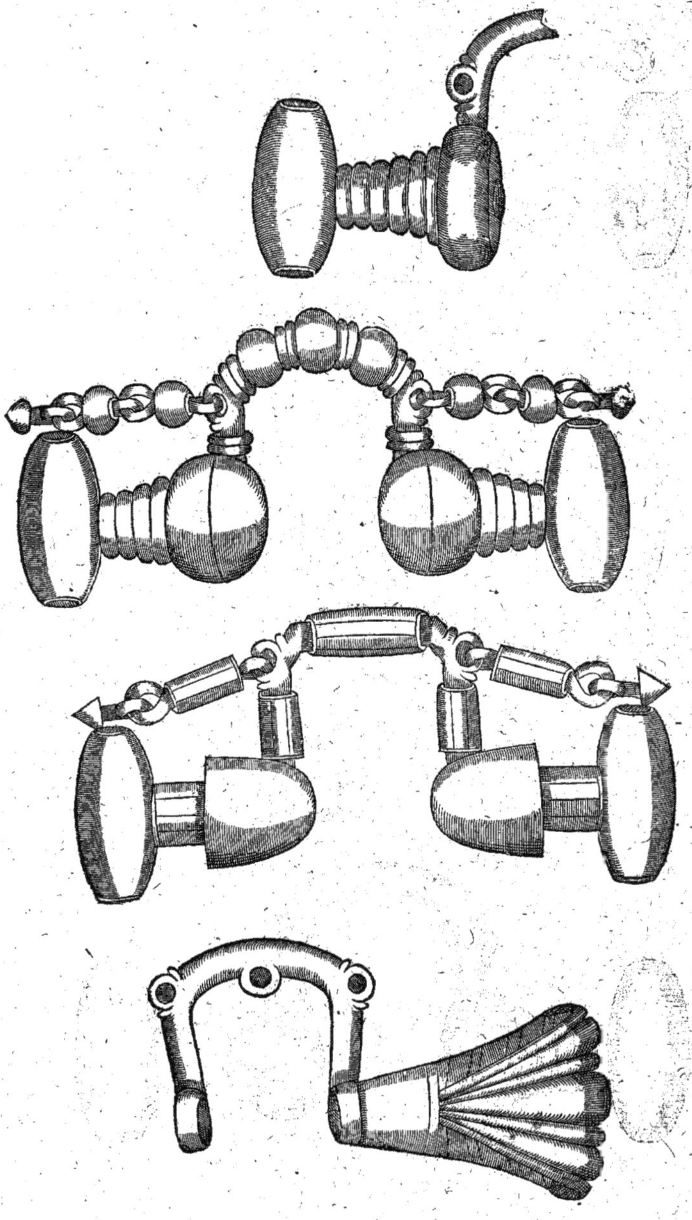

LES MOYENS DESQVELS ON PEVT VSER A
l'embouchcure du cheual, pour ayder à luy ramener la teste, quand il porte le nez trop
auancé, & pour l'empescher de passer la langue dessus l'embouchcure.

CHAPITRE XVIII.

LE cheual qui tient le nez trop auancé, se peut souuent ramener par
les bons & differens effects de l'emboucheure, de l'œil, & de la branche, pourueu que l'appuy de la bouche ne soit trop dur, & que le
bon exercice ayt desia tellement augmenté l'haleine de tel cheual,
qu'il en soit plus fortifié, desgourdy, & allegery: & le commun remede des emboucheures, auquel les Caualerices souloyent ancien-
nement auoir recours (en telles imperfections) estoit de faire les padanes, ou autres
montees, d'vne piece, fort haultes, & communémét garnies à la cime, de coquilles ou
de rouëlles: de façon qu'à mesure que les branches reculoyét, ces excessiues haulteurs
de padanes auançoient, poussans & forçans le palais de la bouche en lieu si hault, que
souuent le cheual estoit contraint de se ramener pensant se garentir de ceste importunité, comme font les mulets qui seruent à la selle, ausquels on a accoustumé d'vser
de padanes, qui ont presque demy-pied de haulteur: mais de ce remede naissoyent
d'autres imperfections. Car par la violence qu'il faisoit au hault du palais, il contrai-
gnoit la bouche de demeurer ouuerte: & quand pour empescher ceste desagreable
contenance, on estrecissoit extrememement la muserolle, la vraye action de la branche
du mords en estoit communément empeschee, à cause de la haulteur du padane: tellement que la branche demeureroit trop auancee, encor que le cheualier tirast les
rennes plus qu'à plaine main, que la gourmette fust assez large, & la barbe bien proportionnee: de façon que de ceste contrainte trop violente procedoit aucunesfois le
desespoir du cheual sensible, colere, & impatient. Depuis nous auons pratiqué d'autres moyens moins ennemis de nature, & entr'autres le padane fort hault faict à la
pignatelle, lequel, outre les susdits bons effects, peut ramener le nez du cheual, en luy
touchant & chatouillant le palais assez hault, sans pour cela luy faire ouurir la bouche, ny empescher le cours libre de la branche, quoy que la muserolle soit fort estroite: & d'auantage ce padane oste la cemmodité à la langue, de passer dessus l'emboucheure, tant à cause de sa hauteur extraordinaire, que parce qu'il cede & s'auance
estant poussé par la langue.

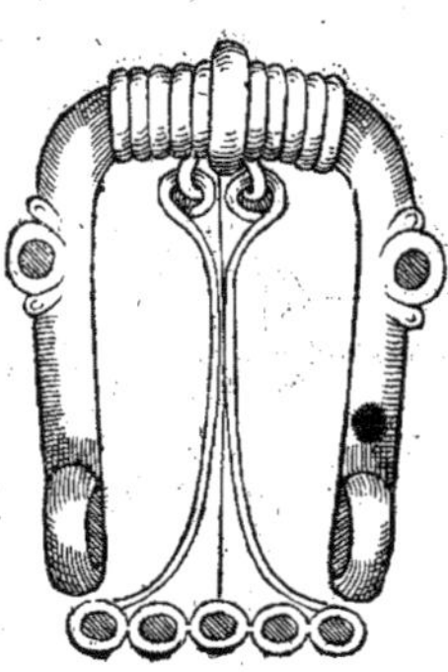 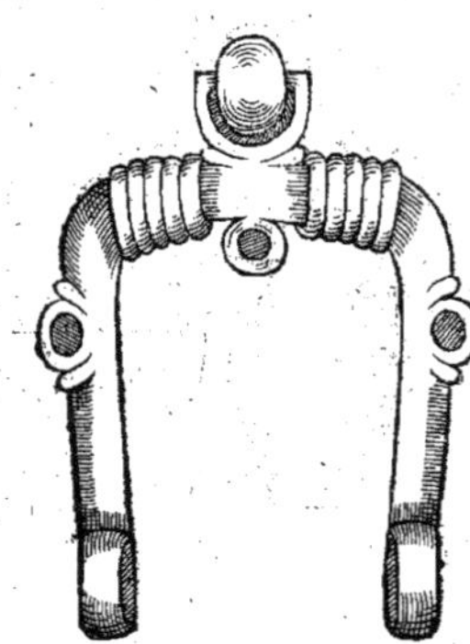

S i la grande haulteur de ce padane donne occasion au cheual d'abandonner &
laisser prendre la langue hors de la bouche, il faudra retrancher l'espace superflu par la
limite d'vne barre ou tranchefille, qui trauerse la liberté, comme il est icy figuré.

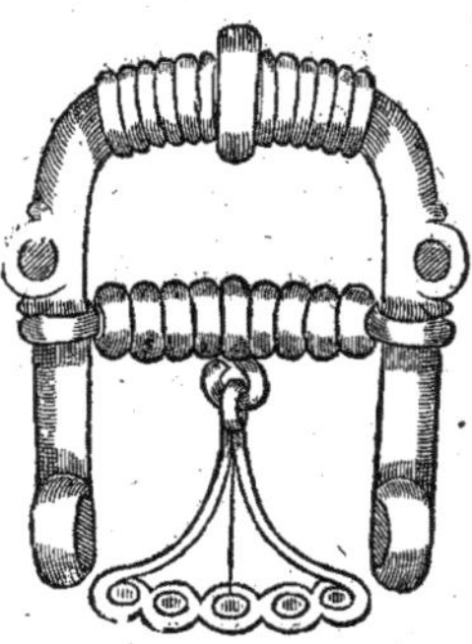

Par le discours de ces emboucheures, l'on doit iuger que toutes celles qui sont ouuertes peuuent ramener le nez du cheual, i'entends si le col en est assez souple, bien
proportionné, & les maschoires assez vuidees; & pourueu aussi que les montees des
emboucheures soyent assez haultes: mais il se pourra trouuer plusieurs cheuaux, qui
porteront le nez trop auancé, & qui seront tant sensibles de bouche, que peut-estre
ils souffriront difficilement la haulteur & l'importunité de tels padanes, & qui auront
la langue si basse qu'elle n'aura nullement besoin de grande liberté : à ceux-là il faudra vser de trebuchets aux emboucheures entieres, ou à fourchette, comme ils sont
representez en ces autres pourtraits, donnant neantmoins la place qui sera necessaire
à la langue: & là où se voyent deux pommettes ou coquilles au hault du trebuchet,
cela represente vn empeschement qu'on peut donner au cheual, qui est accoustumé
de mettre la langue dessus l'emboucheure, mesmement quand il trouue moyen de la
passer à costé du trebuchet simple & ordinaire.

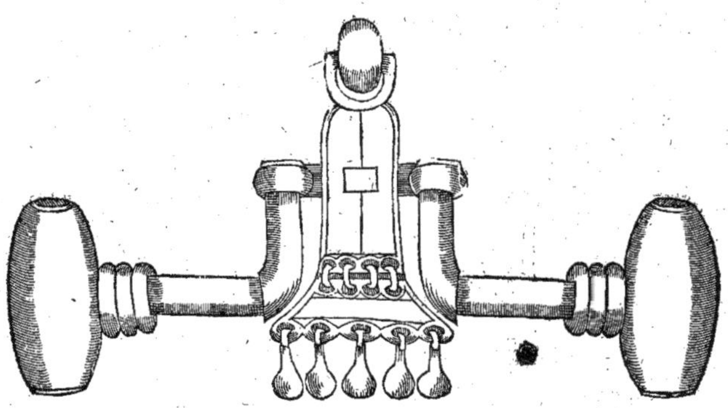

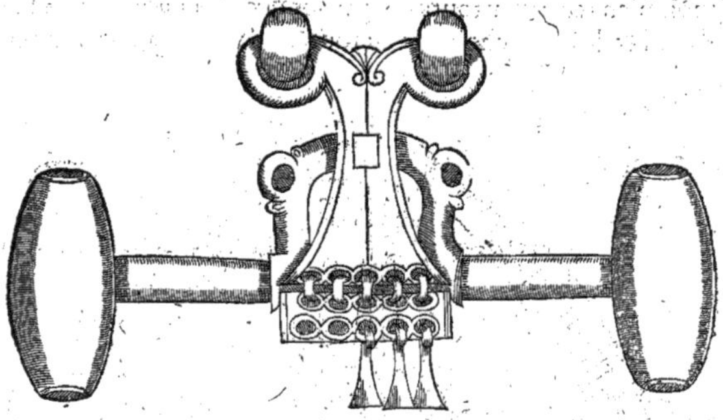

L'on peut recognoistre par les figures de ces trebuchets, qu'ils occupent moins
de place dedans la bouche du cheual, que ne font les padanes à la pignatelle: & que
neantmoins, par les mesmes raisons cy-deuant deduites, ils peuuent autant ramener
la teste, mais non pas donner tant de liberté à la langue: aussi faut-il approprier l'vne
& l'autre de ces montees à la nature & aux proportions de la bouche: en fin ce n'est
pas seulement l'effort que l'ancien padane peut faire contre le palais, qui ramene le
nez du cheual: mais beaucoup plus proprement, quand la montee, arriuant en lieu
plus haut que l'ordinaire, luy chatoüille ou aucunement importune la langue & le
palais sans douleur ny rudesse: & mesmes le cheual se rameine souuent par l'action
qu'il fait en retirant la langue, pour rechercher & faire tourner plus à son ayse les
pommettes, roüelles, fals ou patinostres, qu'on met aux sommets des montees cy deuant representees.

AVTRE EMBOVCHEVRE PROPRE A RAMENER LA
teste du cheual, qui s'abandonne dessus l'appuy de la bride, tenant le nez trop auancé.

CHAPITRE XIX.

IE m'asseure que plusieurs hommes de cheual blasmeront les genettes
bastardes, en ayans vsé peut-estre mal à propos, soit pour n'auoir esté
bien faictes, ou à faute d'auoir bien recogneu l'inclination des cheuaux
qu'ils en auront embouchez, ou les proportions particulieres de la teste,
de la bouche, & du col d'iceux, & mesmes qu'il semble, à voir sommairement la gourmette ainsi faicte d'vne piece, iointe à la montee entiere & si haulte, que ceste forme
d'emboucheure doiue apporter beaucoup de rudesse & de confusion à la bouche
du cheual: mais au contraire elle luy peut aucunesfois asseurer, allegerir, & ranger
la teste en bonne posture, quand il s'abandonne sur l'appuy des brides plus cómunes,
tenant le nez trop auancé: à cause que ceste emboucheure estant entiere n'a point
de mouuement faux, ny esgaré, la haulteur de la montee le rameine: la gourmette,
estant iustement mesuree, & tenant au ply de la sommité de la montee, empesche
que l'emboucheure trebuche, & qu'elle offense ny violente le palais: & quand le
cheual boit la bride, ceste gourmette l'en peut aucunesfois mieux empescher que
celle qui tient à l'œil, pourueu que la barbe soit bien proportionnee, parce que la
gourmette est aucunement retenue au lieu de son vray appuy, par la iouë à l'ex-

tremité de la fente de la bouche: mais pour bien vfer de ces emboucheures, il eft neceffaire d'auoir bien recogneu toutes les parties de la bouche, & de la barbe du cheual, celles du col & de la mafchoire, & fur tout fon temperament naturel.

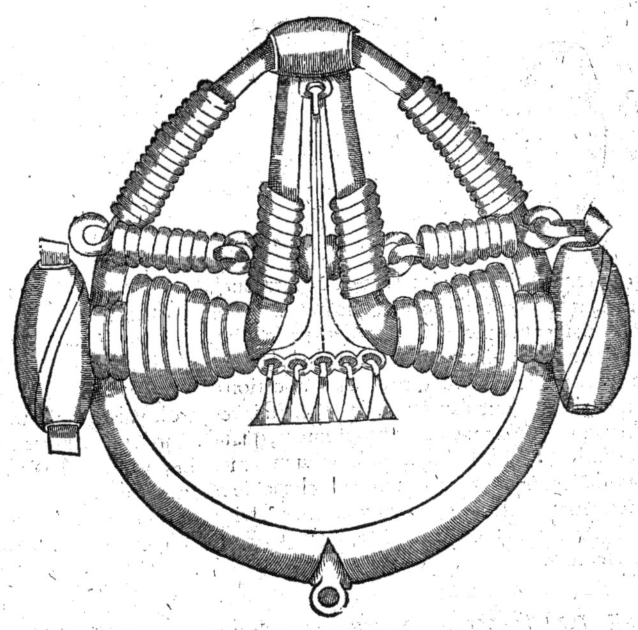

P o v r bien garder les iuftes mefures & proportions de ces genettes, on doit tenir
la montee communément de la mefme haulteur, qu'il faudroit faire l'œil de la branche, fi on vouloit vfer de la gourmette ordinaire: i'entens iufques à l'endroit de la lettre A, qui fe voit en l'vne de ces deux plus prochaines figures, duquel endroit ie parleray plus clairement ailleurs: & fi cefte haulteur fait ouurir la bouche au cheual, qui
aura le palais trop plain, ou qui fera naturellement impatient & defdaigneux, ou
pour quelque autre occafion, lors il faudra courber en arriere cefte montee, comme
elle eft reprefentee en cefte autre figure: car par ce moyen le palais fera garenty de
telle incommodité: mais la gourmette fe doit tenir d'autant plus courte, pour appuyer iuftement en fon vray lieu.

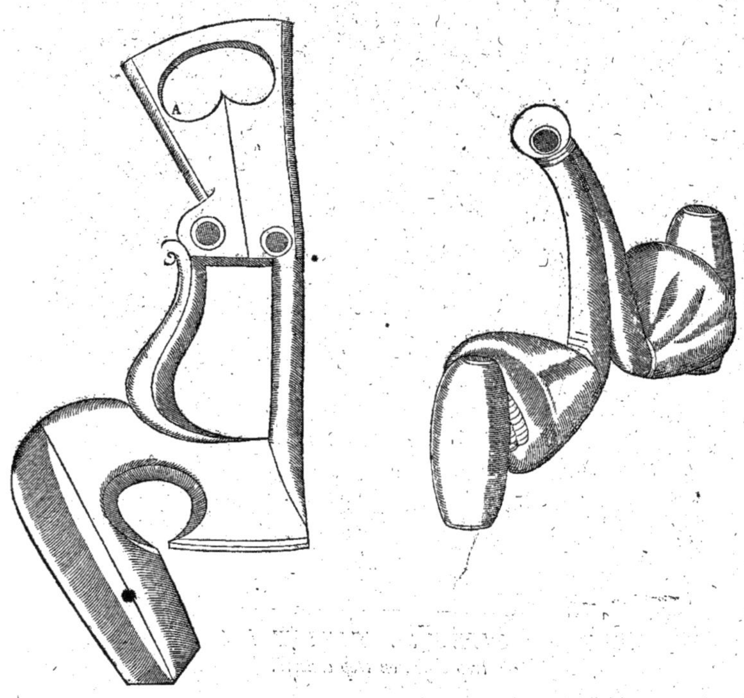

Ie rediray encores qu'il eſt neceſſaire de garder plus de iuſteſſe en ceſte façon de
gourmette, qu'on ne fait en toutes les autres: parce qu'elle ne ſe peut eſlargir ny
eſtreſſir, & pour l'ordinaire, eſtant libre d'appuy, c'eſt à dire ayant les rennes aban-
donnees, elle doit deſcendre vn doigt plus bas que la vraye place de l'appuy de la
barbe, meſmement la montee eſtant de la haulteur de l'œil, & la branche de commune force, afin qu'en tirát les rennes, les branches puiſſent auoir leur actió plus ferme pour ramener, & meſmes pour empeſcher que l'emboucheure ne trebuche, ainſi
qu'il aduient quand ceſte gourmette n'eſt tenuë, comme vn poinct plus courte que
les communes. Quant au plus ou au moins, ie le remets au bon iugement du Caualerice experimenté, qui ſçaura bien recognoiſtre la complexion & capacité du cheual,
qu'il voudra emboucher, comme auſſi le tour de la branche, à laquelle la meſure de
la gourmette ſe doit rapporter, ſelon que ie traicteray apres le diſcours de ces emboucheures. Sur tout, il faut bien conſiderer la proportion de ceſte gourmette: car
celles qui ſe font d'ordinaire en Eſpagne, en Turquie, ou en Barbarie, ſont preſques
rondes, & par conſequent faulſes: & qu'il ſoit vray, en la bouche du cheual (ſoit dedans ou dehors, & meſmement là où ceſte gourmette ſe loge,) il n'y a point de rondeur depuis le hault de la montee de ceſte emboucheure iuſques au bas de la gourmette, ſi ce n'eſt tant que dure le demy-tour de la barbe, qui doit eſtre egalement ac-
collee en la partie que la bride prend la fermeſſe de ſon vray appuy, laquelle contient
autant qu'il y a de diſtance de la lettre A, iuſques au B, & ceſte egalité s'obſerue, afin
que le cheual n'ayt point occaſió de tourner la bouche faiſant les forces, ou quelque
autre action faulſe, eſtant plus offenſé en vn endroit qu'en vn autre.

e

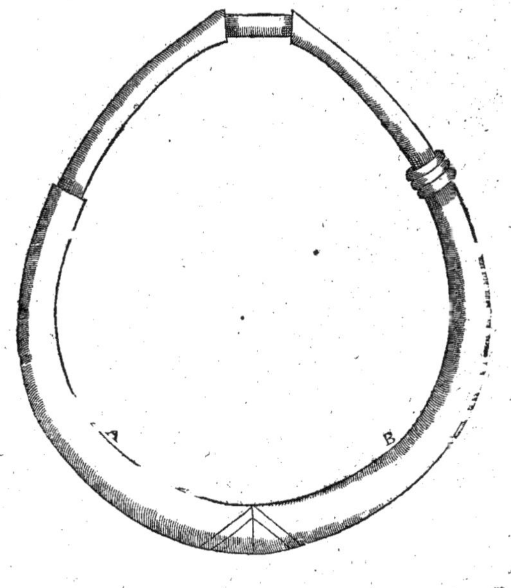

QVAND LE CHEVAL TIENT LA BOVCHE
trop cloſe, ou trop ouuerte.

CHAPITRE XX.

D'AVTANT qu'il eſt ayſé de faire par l'embouchetre, que le cheual ne ſerre trop les dents eſtant bridé, il eſt difficile de l'empeſcher qu'il ne la tienne trop ouuerte, quand il y eſt enclin, ou accouſtumé. Or tout ainſi que les montees à la genette que ie viens de repreſenter, ſont propres à ramener le nez du cheual, par les meſmes effects élles l'empeſchent aucunesfois de tenir la bouche trop fermee, & ſouuent la luy font trop ouurir. Mais vne pommette au deſſus du padane, ou de la montee à fourchette, ou de la ceciliane qui ſoit d'vne meſme piece, ou qui tienne ferme, comme il eſt icy figuré, ſera plus vtile à ceſt effect, principalement quand le cheual n'aura beſoin de beaucoup d'ouuerture, ou liberté pour la langue.

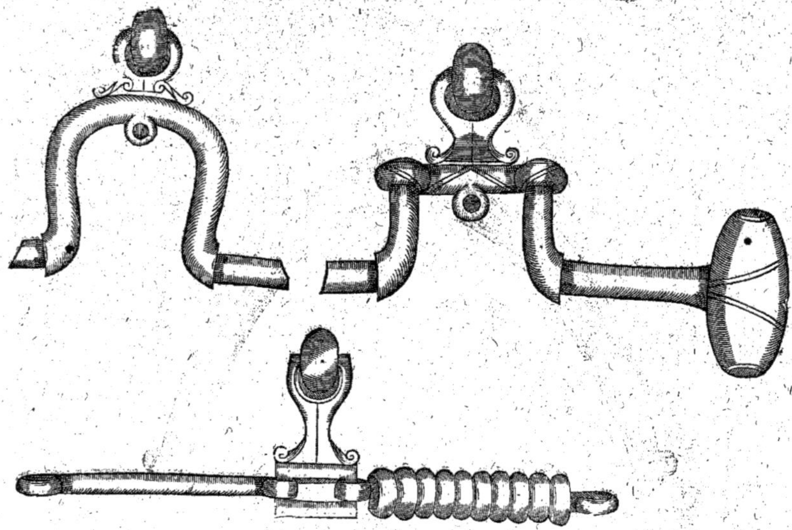

Qvant au cheual, qui naturellement, ou par mauuaife habitude ouure trop la bouche, ie ne fçay moyen plus affeuré, que de luy faire la liberté de la langue, ou la montee de l'emboucheure moins haulte que l'ordinaire, & tenir la muferolle beaucoup plus ferree & plus baffe que fa commune place : & ce remede n'eftant fuffifant, il y faudra adioufter vne petite feguette, ou autre muferolle de fer, coufuë ou clouée à celle de la teftiere fi proprement qu'on ne s'en puiffe apperceuoir, & de telle façon, que lors qu'il voudra forcer cefte muferolle pour ouurir la bouche, il fe chaftie foy-mefme, en s'offenfant le nez : & parce que lors que le cheual ouure la bouche, penfant fe garantir des effects de la bride, ou pour quelque autre occafion, ou vice, il fait cefte action feulement auec la mafchoire, à caufe que c'eft la partie qui naturellement fait fes mouuemens en auant, en arriere, & de cofté, qui ouure & ferme la bouche, & en laquelle auffi fe fait l'appuy de la bride, duquel depend l'occafion, qui amene le dedain du cheual, & les moyens qu'il cherche d'ouurir trop la bouche, & de faire les forces : En telles imperfections on doit encores vfer d'vne chenette de fer, longue enuiron de demy-pied, laquelle tienne femblablement à la muferolle de la teftiere, & l'endroit qui garnit le deffous de la mafchoire, afin que la douleur que le cheual receura en cefte partie, le chaftie cependant qu'il fera fa defagreable contenance. Cefte chenette aura fouuent plus d'effect, que la feguette mife fur le nez, à caufe que tout le deuant de la face du cheual eft de la mefme piece du front, iufques aux cartilages du nez, & par confequent tient toufiours ferme, fi ce n'eft tant que la tefte & le col font quelque mouuement.

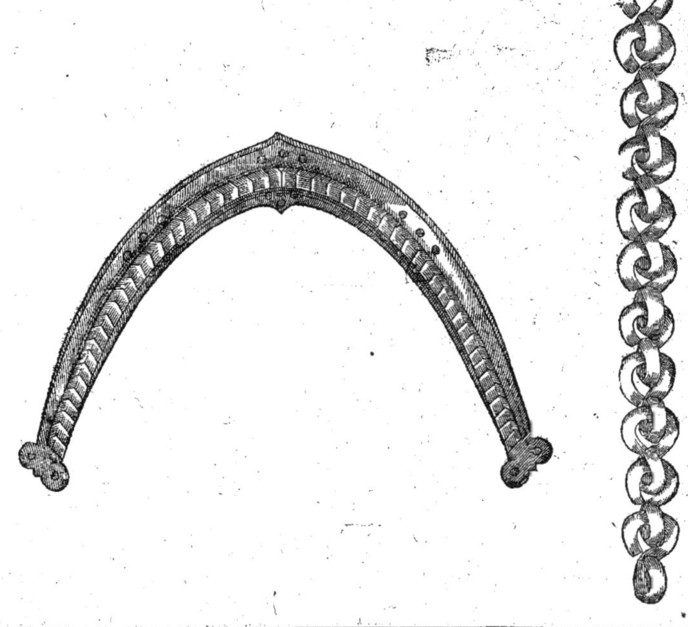

QVAND LA LANGVE DV CHEVAL SORT
& pend hors de la bouche.

CHAPITRE XXI.

L E s Caualerices curieux ont inuenté plufieurs fortes d'embouchetu-
res, pour empefcher que le cheual mette la langue hors la bouche:
ie ne les veux reprefenter icy par figures, non plus que pratiquer en
effect. Aux vnes ils font entailler au mitan vne rouëlle fort haulte,
qui appuye pefamment deffus la langue : Aux autres on met vn padane d'vne piece tourné en bas, qui fert auffi quand le cheual
eftraint trop les dents eftant bridé : & fans doute ces remedes peuuent aucunesfois
empefcher la fortie de la langue : A d'autres on met vne piece qui defcend iufques
aux dents plus baffes, en laquelle il y a vn retour, qui reçoit & fouftient le bout
de la langue abandonnee: & à d'autres on met des petites pointes qui picquent &
offenfent la langue, quand elle s'eftend & s'alonge trop : tous ces moyens ten-
dent & feruent aucunement à vn feul effect: mais le plus fouuent ils apportent
tant d'incommoditez, que par mon aduis on n'en vfera iamais. Car les importu-
nitez, que tels engins fafcheux donnent au cheual, luy font ordinairement faire
des contenances diuerfes, autant ou plus defagreables, que s'il abandonnoit la
langue hors la bouche. Or quand il ne la voudra tenir droicte & clofe, eftant
embouché d'vne bonne bride ordinaire, & bien proportionnee, qui n'ayt trop, ny
peu de liberté, on fera beaucoup mieux de luy couper autant de langue, comme

il en pendra plus bas que les dents: & si aucuns
craignent que cela apporte quelque preiudi-
ce, ils se peuuent asseurer que le cheual n'en
sçauroit perdre quatre repas, & qu'apres huict
iours de seiour, il y aura aussi peu de danger
de monter dessus, & s'en seruir, comme auparauant que la langue fust accourcie: & pour la
bien coupper, il la luy faudra prendre, & fort
serrer à l'endroit qu'on voudra auec vn instrument de fer, qui soit faict de la façon qu'il
est icy-apres figuré, & puis en la couppant
d'vn couteau fort trenchant, suiure le demy-
tour de cest instrument, & par ce moyen, le
bout qui restera à la langue, reprendra presque
sa premiere forme:

P o v r estancher le sang, il faudra lauer la langue auec de fort vinaigre, & du sel, & pour la nourriture du cheual, on luy donnera du son au lieu d'auoine, durant enuiron six iours : & afin qu'il soit plustost guery, on le tiendra deux heures le iour embouché d'vn filet enueloppé de drapeaux, qui soyent imbibez ce miel rosat : & par ce que plusieurs sont en l'erreur de penser que le cheual qui a la langue coupee ne mange plus si bien son auoine, comme il faisoit auparauant, & mesmes qu'il ne peut plus hannir, ie les asseure qu'il n'en aduiendra aucun changement, pourueu qu'on ne coupe la langue, qu'autant qu'elle prendra & sortira plus que les dents basses.

I l faut bien considerer que le propre de ce remede est seulement quand le cheual estant bridé, tient la langue ordinairement trop estendue, sortant vne partie d'icelle, comme immobile hors de la bouche : car il y a d'autres langues sensibles & serpentines, qui sont de differente nature, lesquelles sortent souuent enuiron quatre doigts, s'arrestans fort peu dedans ny dehors la bouche, mesmement quand le cheual est en quelque inquietude, ou que telle sorte de langue a plus de liberté, qu'il n'est besoin, lors on doit communément vser d'emboucheures fermees & plus plattes qu'aux autres langues, qui sont moins actiues & mouuantes : dautant que par la diligence du mouuement que celles icy font, en sortant souuent de la bouche, & se renfermant aussi-tost dessous l'emboucheure, elles font paroistre leur menuë forme, ou la suffisante place que nature leur a donnee dedans le canal de la machoire : & quand telles langues sont occupees à soustenir l'appuy de l'emboucheure, elles ont beaucoup moins de commodité de sortir si souuent de la bouche : toutesfois si auec ce mouuement serpentin, la langue est trop longue, encores sera-il bon de couper ce qu'il y aura de superflu.

QVAND LE CHEVAL TIENT ORDINAIREMENT
la langue trop retiree.

CHAPITRE XXII.

L y a des cheuaux qui ne peuuent souffrir aucune sorte d'emboucheure dessus la langue, & pour leur defense ou mauuaise coustume, estans bridez ils la retirent & doublent de façon, qu'il semble à les voir en telle action, qu'ils soyent sans langue, & outre ce, pour auoir plus de commodité de la retirer & redoubler le plus souuent, ils se ramenent trop : aucuns aussi pour la mesme ou autre difficulté, retirent la langue & la passant dessus l'emboucheure, s'ils y peuuent trouuer passage, & les vns & les autres tiennent par mesme moyen la bouche trop cuuerte. Or quant à ceux qui pour garentir la langue de l'appuy de l'emboucheure, la cachent, la doublent, & la retiennent pres du gosier, il leur faut necessairement donner liberté au montant des emboucheures : & dautant que les montees communes les pourroyent ramener trop, ou leur faire ouurir la bouche dauantage, le padane qui recule à la pignatelle, sera en cecy beaucoup plus propre : & s'il est fait de la façon qu'il se void icy apres figuré, sans doute la langue s'y logera plus commodément, à cause que la façon de ceste montee donne plus d'espace, & accompaigne mieux la forme naturelle de la langue, que ne font les padanes ordinaires.

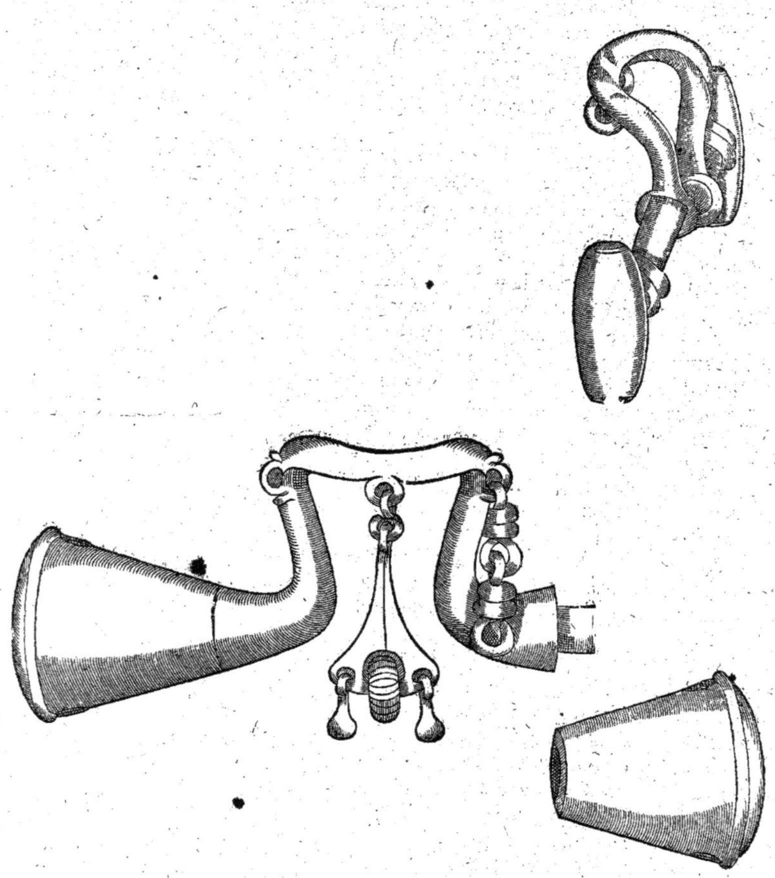

L a baueretre qui est en l'vne de ces figures, doit estre en ce subiect de la longueur
qu'elle se voit pourtraicte. La raison est, que le cheual qui prend plaisir aux ioüets
que l'on met aux emboucheures, les va tousiours cherchant du mitan de la langue tirant vers la pointe : tellement que pour se ioüer à la pommette, ou telle autre chose
mouuâte qu'on aura mis au bas de ceste baueretre, ou pour y sauourer quelque friā-
dise qui luy plaise & qui soit attachee au mesme lieu ; il sera contrainct d'allonger &
passer la langue dessous la voûte de ce padane : & au contraire si on mettoit des an-
neaux ou autres ieux au hault de la montee, ce seroit vne occasion de luy faire retirer
la langue pour chercher auec la poincte d'icelle le subiect du plaisant mouuement
qu'il sentiroit : & si aucuns se souuenans de quelque discours precedent, pensent que

la voulte de ce padane face tenir au cheual la bouche ouuerte : ils doiuent confiderer
que cefte voulte eft accommodee au padane à la pignatelle, afin que fi en ramenant
la tefte du cheual, & en affeurant l'appuy de la bouche, la voulte arriue au palais, elle
cede & recule pluftoft, que le pouffer ny violenter en aucune façon. Toutesfois il ne
fe faut pas toufiours affeurer qu'en fouftenant la pofture raccourcie du col, & de la
tefte du cheual, cefte montee recule fi facilement, comme quand on en fait l'experience, la tenant en la main : mais c'eft vn des meilleurs remedes qui fe puiffe pratiquer aux fufdites imperfections.

E n cefte occafion, il faut auffi confiderer que tant plus le cheual, deffus l'homme,
eft en ceruelle & en inquietude, c'eft lors qu'il retire la langue dauantage, & qu'il eft
prefque impoffible de le contraindre à l'allonger, & tenir deffous l'emboucheure,
tant qu'il eft viuement tendu d'efprit & de nerf, foit d'apprehenfion de quelque afpre chaftiment, ou fur l'attente & le defir de quelque mouuement nerueux, & gail-
lard : de façon que luy voulant faire goufter & accouftumer la commodité de ce padane, il eft neceffaire pour quelque temps de le diuertir du foupçon de l'efcole, &
mefmes de tous les exercices plus vigoureux & raccourcis, au lieu defquels il le faut
faire continuellement cheminer au long des chemins, allât le pas lent & abandonné,
& fouuent au trot foible & fans ferme appuy de main, & aucunesfois le faire galop-
per lentement fans aucune fougue, luy tenant d'ordinaire du fel dans vn drapeau, ou
quelque autre friandife, attachee au bas de la bauerette : eftant ainfi appaifé & affeuré, ce trauail continuel & fans vigueur luy pourra donner occafion, (en allongeant le
col, & en auançant le nez,) d'allonger auffi la langue la paffant deffous le padane, &
par ce moyen patiemment pratiqué, il fe pourra accouftumer auec le temps à la tenir dedans le canal, & deffous l'ouuerture & montee de l'emboucheure : & fi, nonob-
ftant tout cela, plufieurs cheuaux perfeuerent long temps en la fufdite imperfection,
il ne s'en faudra efmerueiller : car de toutes les plus fauffes actions qu'ils puiffent faire de la bouche, celle-cy eft vne des moins corrigibles.

P ar la commodité du mefme padane, on peut empefcher que le cheual paffe la
langue deffus l'emboucheure : mais fi la langue n'eft trop haulte ou trop groffe, & que
la mafchoire foit tant eftroite, que la largeur de la fufdite liberté face trebucher hors
la barre ce qui doit iuftement appuyer deffus icelle, lors il fera bon de tenir la montee plus eftroite, & beaucoup plus baffe, y adiouftant vn trebuchet ordinaire, tel que
ie l'ay defia figuré : & fi auec cefte imperfection de barres la fente de la bouche eft
fort grande, l'emboucheure à l'imperiale bien faicte, & proprement accommodee
auec le trebuchet, pourra faire le mefme effect. Et parce que le cheual peut auoir fait
vne telle habitude de ce vice, que la langue ne trouuant plus le paffage accouftumé
entre le palais, & le mitan de l'emboucheure, en cherchera d'autre par les coftez du
trebuchet, à lors ie fuis d'auis que pour l'empefcher, on double, ou triple la fommité
de ce trebuchet, comme il eft cy-apres figuré, & auffi pour vne ayde ordinaire & neceffaire qu'on tienne la muferolle fort ferree, y mettant, s'il eft befoin, la feguette, enfemble la chenette que i'ay ailleurs reprefentee : mais fi le cheual eft tant fenfible &
colere, que la douleur de cefte feguette le puiffe defpiter, & mettre en confufion, il
en faudra rabattre les dents, & la rendre vnie, ou s'arrefter à la commune fubiection
de la feule muferolle de cuir bien ferree.

Encore ie reprefenteray icy vne forte d'emboucheure qui commence à monter
à la façon d'vn pied de chat, en laquelle le cheual ne trouue chofe quelconque deffus
la langue, & c'eft par le moyen d'vne demye-gourmette à la genette forte, & d'vne

piece, qui tient fermement lês deux coſtez de l'emboucheure en leur iuſteſſe : mais
parce qu'il ſemble que le cheual qui en eſt embouché, tienne touſiours la langue
deſſus ſon mors, ſe monſtrant fort des-agreable par ce geſte, ie remettray l'vſage de
telle emboucheure à pluſieurs Caualerices, qui parauenture l'eſtimeront plus que
ie ne fais.

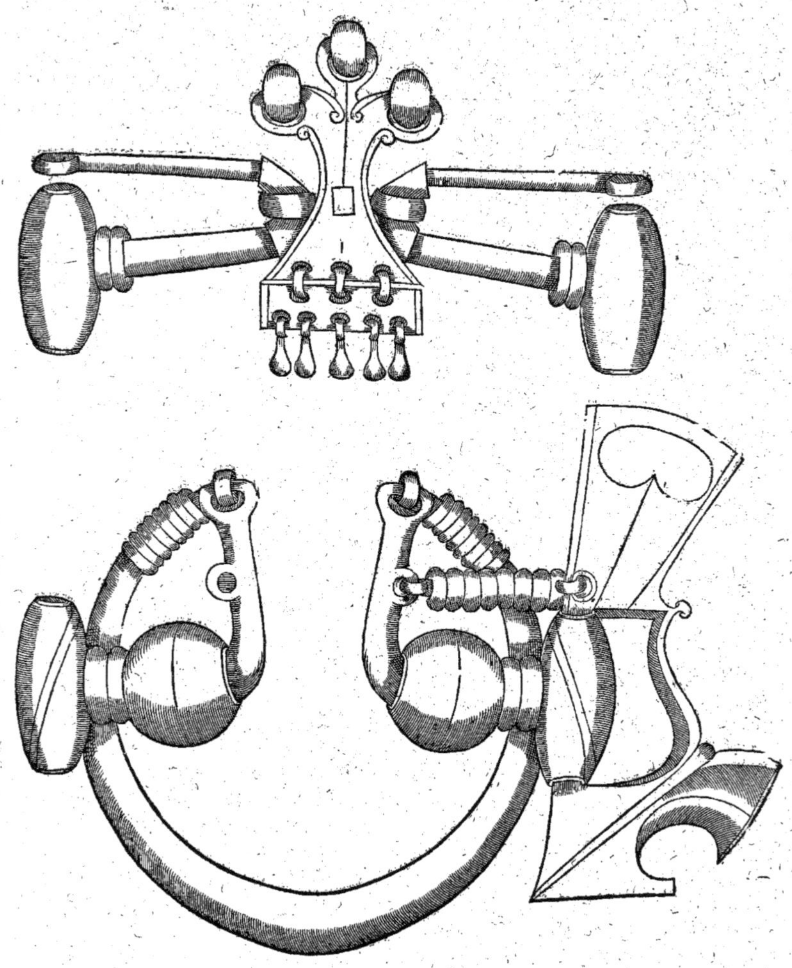

QVAND LE CHEVAL TIENT ORDINAIREMENT LA teste, ou le nez sur vne main, à laquelle il tourne aussi plus facilement.

CHAPITRE XXIII.

Es plus ingenieux esprits, qui se sont exercez & longuement arrestez en la pratique de cest art, ont diuersement inuenté plusieurs moyens, pour pouuoir contraindre le cheual, qui est dur & entier, où qui, dessous l'homme, porte la teste ou le nez ordinairement plus sur vne main que sur l'autre, à luy redresser le col, le front, & la bouche, & l'attirer à vne bonne & belle posture. Entre autres subtils moyens, ils ont vsé, comme aucuns font encores, de certaines emboucheures, qui font chacune deux appuys differents, dont l'vn presse dessus la barre beaucoup plus fort que l'autre, & pensent par ce moyen attirer plus commodément la teste du cheual du costé qu'il est plus dur, ou sur lequel il ne veut apporter le front, & le nez en iuste situation: voicy deux subiects de telles emboucheures.

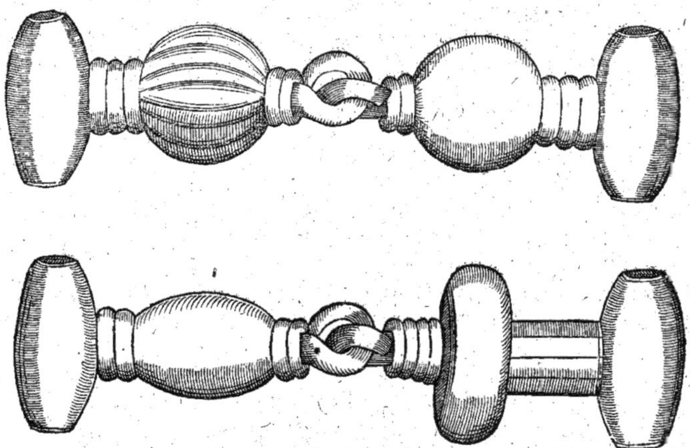

CEs emboucheures contraignent aucunesfois le cheual à tourner, ou à dresser la teste du costé qu'il est dur ou entier, à cause dequoy ie n'en veux reprouuer du tout la pratique: mais parce que ie l'ay trouuee souuét incertaine, i'aduertis celuy qui n'en sçaura bien les effects, que sans doute il les trouuera ordinairement contraires ou variables en diuers cheuaux, dequoy il ne se deura esmerueiller: car si en allant par le droict, ces emboucheures peuuét contraindre le cheual à porte-la teste du costé de la barre & genciue, qui se trouuera plus pressee & offensee: aussi en le voulát tourner de l'autre costé, la mesme douleur luy peut par cósequent retenir la teste, & le courage, hors la volte, au contraire de l'action naturelle, & necessaire à la facilité du tourner: à

cause que cependant que l'on tourne la main de la bride sur la volte, la renne hors
icelle, est la plus tendue, faisant en la bouche le plus fort appuy de son costé.

ON doit en cecy encores considerer, que si pour ceder à ceste action de renne,
quelque cheual porte la teste du costé que l'emboucheure l'offence plus viuement, il s'en trouuera d'autres qui pour fuyr la mesme douleur, tourneront la teste,
ou le nez au contraire, c'est à dire, du costé qu'ils seront moins offensez : tellement
que les voulant contraindre à tourner, ou à tenir le nez du costé qu'ils sont plus durs,
aux vns il faudra faire l'appuy plus rude sur la barre ou genciue opposite, & aux autres tout au rebours. Pour ces incertitudes ie suis d'auis qu'en telles occasions, le sage
Caualerice ayt son principal recours à l'habitude des reigles de la bonne escole, exerçant ses cheuaux auec le simple canon, secondé & secouru du cauesson, ou s'il est
besoin de la fausse renne, selon ce que i'en ay dit aux leçons rangees, & non seulement à l'artifice de tant de diuerses emboucheures, aspres & mal-faisantes, qui se
pratiquent communément à faulte de capacité.

QVELQV'VN pourra dire, que ie fais paroistre en ce Liure beaucoup d'emboucheures, qui ne sont pas de mon inuention, ce que ie confesse librement : mais ie monstre celles que ie pratique d'ordinaire, & telles qu'elles sont, ie les ay corrigees apres
auoir experimenté l'imperfection de beaucoup d'autres, & mesmes i'explique & fais
comme toucher au doigt, ou au moins le mieux que ie puis leurs vrais effects, & par
consequent les proportions exterieures, & interieures de la bouche du cheual : ce
qu'autre deuant moy n'a encores assez clairement escrit : & tant s'en faut que i'aye
voulu figurer dauantage de brides, que si ie pouuois retrancher & faire perdre la memoire de la pluspart de celles que plusieurs hommes de cheual ignorans ou hasar-
deux mettent en vsage, ie le ferois : dautant qu'il semble qu'elles ne sont pas seulement assez rudes & fortes pour alterer & falsifier les barres, genciues, escaillons, langue, palais, leures & barbe du cheual, qui en est embouché : mais aussi presques pour
luy rompre l'os de la maschoire : tellement que par ces desordres, l'incapacité de tels
Caualerices se recognoist euidemment, mesmes en ce qu'ils ne sçauent, ou ne considerent pas, que la pluspart des parties internes de la bouche du cheual, & particulierement celles qui sont plus offencees par les efforts de la bride, sont composees de
muscles, & toutes entierement despourueuës de ouyr, qui ne se peuuent offencer sans
estre falsifiees : & ce qui est plus à craindre en telles fautes, est que la violéce des emboucheures si rudes peut faire telle facture ou blesseure à la barre & genciue, & à la
barbe, qu'apres il sera impossible de pouuoir consolider suffisamment les cicatrices,
mesmement quand il y aura perdition de substance : & quand bien auec le temps &
les bons remedes, nature aura regeneré & remply les places concauees, & ruinees,
ce sera de cals beaucoup moins solides, & plus subiects à estre offensez & rompus,
que la partie entiere & naturelle : tellement que pour moy, ie me tiens à ce que i'en
ay dit ailleurs, sans me vouloir plus trauailler, comme i'ay fait autresfois, à figurer
vn plus grand nombre d'emboucheures, m'asseurant que celles qui se trouueront
representees iusques icy, suffiront entant qu'il se peut suppléer par la bride à l'improportion & intemperie de la bouche, sans la rompre ny falsifier. Et si la difficulté
ou desobeyssance du cheual procede d'ailleurs que du naturel de la bouche, i'entens
qu'on y remedie par les leçons bien reglees, ou autres bons moyens de l'art, & principalement qu'on ayt egard à la necessité, qui peut contraindre le cheual, soit par debilité naturelle ou accidentele, à s'abandonner sur l'appuy de la bride : & apres on se
pourra facilement passer de l'vsage des mors plus rudes, extraordinaires, & du tout
ennemis de nature.

Povr si bien que l'emboucheure puisse estre proportionnee, elle aura fort peu d'effect sans le secours de la gourmette, qui en son vray nerf, & laquelle prend neanmoins sa force & commodité de la iuste haulteur & forme de l'œil, i'entens en l'vsage des brides modernes : car les premieres inuentees n'auoyent point d'œil, cui fust de la mesme piece de la branche, comme il se peut encores voir par les mors à la Moresque, & à la genette, qui sont les moins changez, & ausquels la gourmette tient au sommet de l'emboucheure : mais depuis que cest art a esté facilité & enrichy de plusieurs belles & iustes reigles d'escole : & mesmes de plus excellentes inuentions de mors, que nos deuanciers n'auoient sceu trouuer, on a fait la gourmette d'autre façon, & auec beaucoup de raison, pratiqué l'œil qui est vne partie de la branche, dequoy ie traicteray separément, ensemble des differens effects du banquet, pour rendre apres plus intelligibles ceux de la gourmette, pour laquelle ceste proportion d'œil a esté inuentee.

EFFECTS DIFFERENTS DV BAN-
quet, & de l'œil

CHAPITRE XXIIII.

EN toutes sortes d'emboucheures, il faut obseruer au ply du banquet diuersement certaines iustesses bien considerees: car tant plus il est long, il en est d'autant fortifié, & de la iuste proportion d'iceluy depend vne bonne partie des effects de l'œil, comme i'expliqueray cy-apres.

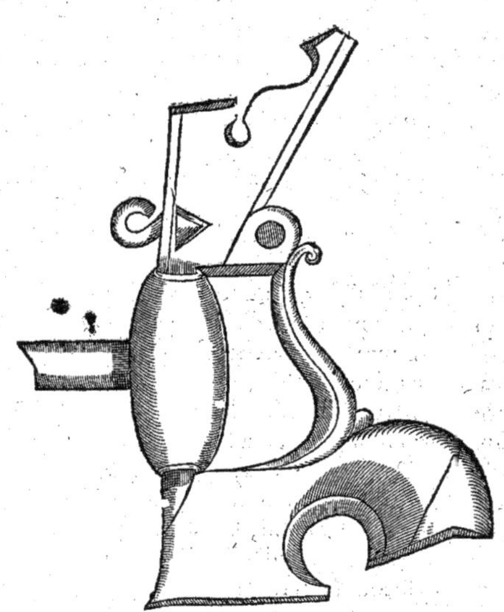

Qvand le banquet est de la longueur de ce ply, la haulteur de l'œil doit auoir enuiron le trauers de quatre doigts, mesurant selon la commune coustume : assauoir
de l'en-

de l'endroit auquel se voit cy-apres la lettre A, iusques E. Mais il faut que la mesure
plus certaine de ceste partie se prenne sur la ligne du milieu du ply du banquet : parce que c'est le poinct & principal subiect du ferme appuy de l'embboucheure, & de là
ceste mesure doit faire l'autre poinct à l'endroit de l'œil, marqué Y, où la gourmette
s'arreste estant en sa iuste place : car ce qui est plus haut ne sert que de commodité
pour attacher le porte-mors, tellemét que pour bien mesurer la haulteur de l'œil selon l'art, il faut obseruer les deux poincts de ce compas.

POVR voir facilement que la iuste mesure du banquet est necessaire, & que celle
qui en la haulteur de l'œil s'obserue seulement par la distance des deux lettres A, E,
est trop incertaine, on doit considerer que si le banquet estoit plus court, ou plus
long, qu'il est representé en ces figures, la gourmette de commune mesure se trouueroit plus basse, ou plus haute, quoy que l'œil n'eust que la haulteur ordinaire, qui se
mesure, & se donne en la demonstration des susdites lettres A, E. C'est en quoy on
peut certainement iuger que la iuste mesure de l'œil despend en partie de celle du
banquet, & que la vraye haulteur, qu'il faut donner en ces proportions pour la commodité de la gourmette, se doit prendre selon les poincts de ce compas.

IL faut bien considerer toutes les proportions de ceste figure: car pour faire qu'en
ramenant la teste du cheual, l'œil se trouue plus droit au long de la iouë, que toute la
bride ensemble trebuche moins, & mesmes que la gourmette s'arreste plus facilement en son vray lieu de la barbe, il est necessaire que le banquet soit droict dedans
le ply de l'embboucheure, & l'œil vn peu reculé, comme il est icy representé par la ligne droicte marquee O.

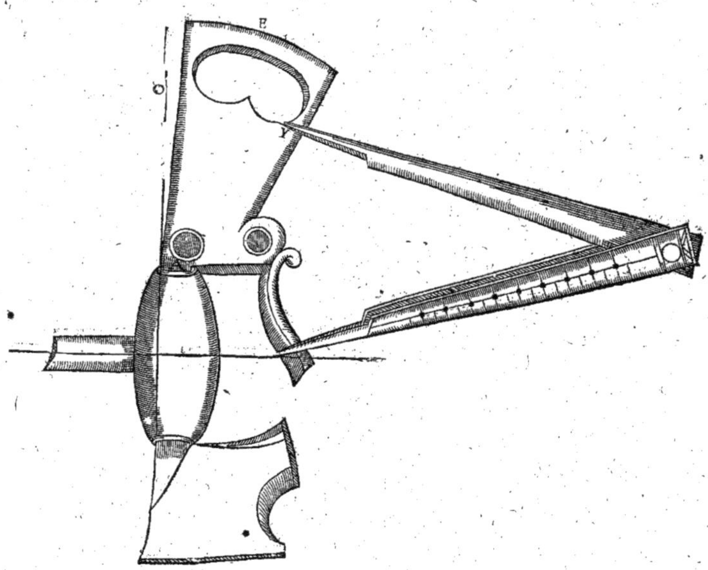

OCCASIONS POVR LESQVELLES ON DOIT FAIRE
l'œil de la branche plus haut, ou plus bas que la mesure ordinaire.

CHAPITRE XXV.

SANS doute les vrays effets de plusieurs parties contenuës aux proportions de la bride, sont mal recognues de la pluspart de ceux qui vont à cheual, & particulieremét celle de l'œil: car selon la commune opinion, l'œil, qui est plus hault que la mesure ordinaire, releue la teste du cheual & quand il est plus bas, il fait le contraire: mais tant s'en faut que ceste reigle soit veritable, que l'œil qui monte plus qu'vne mediocre proportion, cõtraint le cheual à se ramener, & souuent à s'armer, à cause que par la haulteur excessiue de ceste partie, l'action de la gourmette est d'autant fortifiee, & par consequent apporte plus de subiection: & quand l'œil est assez bas il tient le cheual moins contraint: parce que la gourmette a moins de force.

Or puis que le propre de l'œil, est de fortifier l'effect necessaire de la gourmette, sa iuste haulteur se doit obseruer selon que la fente de la bouche du cheual est grande, mediocre, ou petite, afin que la gourmette, faisant sa ferme & iuste action, s'arreste à son vray lieu de la barbe, & ces proportions n'estans proprement obseruees, la bride ne peut estre bien appuyee, ny la muserolle logee en bon lieu: & qu'il soit ainsi. si la fente de la bouche est trop grande, & l'œil de la branche fort hault, sans doute il faudra tenir quelque longueur extraordinaire en la gourmette, ou elle montera trop, quand on voudra ramener le cheual, ou pour le moins elle s'arrestera plus difficilement au vray lieu de la barre, & mesmes la muserolle se trouuerra trop haulte auec moins de moyen d'empescher le cheual de tenir la bouche ouuerte, que si elle estoit basse. Et la fente de la bouche estant fort petite, & l'œil fort bas, la gourmette descédra trop, & la muserolle sera presque sur les narines du cheual, tellement que pour bien proportionner ces parties, il est necessaire que la bouche estant peu fendue, la haulteur de l'œil excede celle de la mesure ordinaire par vne iuste proportion: & si la fente de la bouche est fort petite, il faut par consequent que l'œil monte plus que la mediocre haulteur.

ENCOR faut-il sçauoir, que tout ainsi que (selon que i'ay dict cy-deuant) les poires & campanels, qui appuyent à la renuerse, melon, balottes, & rouëlles hauffent plus la liberté & montee qu'on donne à la langue, que ne font les canons, escaches, oliues simples & ordinaires, ny que les poires & campanels appliquez à l'ancienne & commune façon, aussi par les mesmes raisons l'œil se peut trouuer plus hault, & par consequent la branche d'autant accourcie, (assauoir quand les renes sont tirees iusques au iuste & ferme appuy) quoy que par la preuue du compas la vraye longueur semble auoir esté bien ordonnee.

POVR APPROPRIER IVSTEMENT LA CECILIANE.

CHAPITRE XXVI.

POVR bien loger l'embouchevre dedans la bouche peu fenduë, il est necessaire de tenir le banquet plus court que la mesure generale, afin que la ceciliane se trouue assez basse, & qu'elle incommode moins la iouë, & l'escaillon du cheual: & si la fente de la bouche est fort grande, il faut au contraire que le

banquet foit affez long pour pouuoir ioindre (s'il eft befoing) au ply de l'emboucheure vne prife, ou au moins pour donner commodité de faire arriuer la ceciliane à
l'extremité de la fente, fans y apporter difformité, & mefmes, afin que par ce moyen
l'appuy de l'emboucheure foit mieux arrefté en fa vraye place, fur la barre.

En ces propofitions, on doit encores garder neceffairement vne autre iufteffe particuliere, mefmement aux bouches mediocrement fendues: affauoir que fi la partie
de l'emboucheure, qui appuye deffus la barre, tient plus haulte, ou plus baffe l'emboucheure que l'ordinaire, il faut retrancher, ou croiftre d'autant la haulteur de l'œil
afin que le vray appuy ne foit alteré ny affoibly.

Il fe faut auffi fouuenir que l'œil qui paroift fort hault, fied fort mal quand la branche eft courte, comme fait auffi l'œil fort bas, quand la branche eft fort longue ; &
outre la mal-feance, ces imperfections empefchent les meilleurs effects de la gourmette, & par confequent qu'on ne peut temperer l'appuy de l'emboucheure, comme quand toutes les proportions fe rapportent.

Comment que ce foit, l'on ne fe doit departir de l'ordinaire haulteur de l'œil, fi
ce n'eft comme i'ay defia dit, pour contrraindre extraordinairement le cheual, qui eft
trop mal-ayfé à fe ramener en bonne pofture de tefte, & de col, ou pour affoiblir l'appuy de l'emboucheure ou de la gourmette, quand la bouche, ou la barbe font trop
fenfibles. Toutesfois il y a en cecy vne autre difficulté notable, c'eft que fi le col du
cheual eft trop droit, foit pour eftre mal tourné, ou n'ayant affez d'efpace entre les
deux os de la mafchoire, fans doute l'exceffiue haulteur de l'œil n'y apportera point
de facilité: mais pluftoft endurcira dauantage l'appuy de la bouche, lors que le cheual fe trouuerra trop contraint en ce que nature ne luy pourra permettre.

Il y a vne autre occafion, pour laquelle l'ordinaire haulteur de l'œil fe peut licite-
ment augmenter ou diminuer, c'eft que la barbe du cheual eftant trop petite, ou trop
platte, il eft permis de tenir l'œil plus hault, pour donner à la gourmette la force neceffaire à l'appuy de l'emboucheure, & fi la barbe eft trop grande, il eft bon auffi que
l'œil foit plus bas pour euiter la neceffité de tenir la gourmette fi longue qu'elle en
foit difforme.

Tovt ainfi que le cheual ne peut eftre bien embouché, fi toutes les parties de
l'emboucheure ne font logees en leurs vrays lieux dedans la bouche, egalement de
chafque cofté, & fi proprement qu'elles ne facent aucune forte de meurtriffeure, ny
de bleffure, & que neantmoins l'appuy en foit vif & folide, la mefme diligence fe
doit garder aux iufteffes, & diuerfes proportions des gourmettes: car de leurs bons
effets defpend la perfection de ceft appuy.

Il faut donc confiderer, que cependant qu'on tire le fonds des branches du mors
en arriere, foit pour arrefter le cheual ou feulement pour luy ramener la tefte, la gourmette fait fa principale action, en s'arreftant au vray lieu de la barbe, qui eft en cefte
partie demy-ronde & plus menue, du fonds de la mafchoire, là où fe void la difference du cuir, plus barbu, à celuy qui ne l'eft point, & ioignant l'endroit où la lippe de
deffous commence fa forme, par ainfi cefte partie fe doit conferuer faine & entiere
en fon vray naturel. Car fi les contufions ou playes fouuent furuenues, y engen-
droyent des cicatrices calleufes, fans doute (outre que le fentiment n'en feroit plus
vrayemét naturel) auecques peu d'effort les vlceres fe renouuelleroyent, de forte que
par tels defordres l'appuy de la bride ne pourroit eftre ferme ny leger, c'eft pourquoy les Caualerices garniffent communément la barbe d'vne chaine de trois effes

ronds & affez gros, afin que par cefte rondeur & groffeur l'effort de la gourmette s'y
puiffe faire, fans entamer le cuyr de la barbe: & pour tenir commodément ces trois
effes ou chainons en ceft endroit de la barbe, le refte de la gourmette eft compofé de
deux longs crochets, qui tiennent chacun par vn ply à l'œil, & cui font enchefnez
aux effes, par vne maille de chafque cofté, comme on void communément à toutes
les bonnes brides, & qu'il eft reprefenté au deffein cy-apres: & noiamment il faut que
les trois effes accompagnent feulement tant que dure la demy-rendeur de la barbe:
& felon la commune reigle, les longs crochets doiuent defcendre, & iuftement arriuer au coude de la branche, fans toutesfois le toucher, comme i'ay cy-deuant reprefenté: quant au deux mailles, il n'y a point de mefure qu'on doiue exactement obferuer, que felon qu'elle eft neceffaire pour parfaire la iufte & generale longueur de
la gourmette, qui fe doit rapporter aux proportions de la barbe du cheual, & à fa durté ou delicateffe, comme auffi à l'interieur de la bouche, & confequemment à la rudeffe ou douceur de l'emboucheure, & à la gaillardife, ou foibleffe du tour de la branche: & pour bien obferuer cefte iufteffe, ie rediray qu'vne maille fuffit de chafque cofté entre le crochet & l'effe: car quand il y en a plus d'vn part que d'autre, l'action de
la gourmette en eft tellement incommodee & falfifiee, qu'elle ne garnift pas efgalement la barbe, & par confequent l'appuy general de la bride n'en peut eftre iufte, ny
affez plaifant à la main: & fi on void communément aux gourmettes deux ou trois
mailles du cofté du crochet ouuert, ce ne doit eftre que feulement pour donner plus
de liberté au cheual, en luy laiffant l'appuy de la bride à demy, ou s'il eft befoin du
tout defbandé, pour le trouuer apres plus leger, quand on luy a remis la gourmette
en fa iufteffe: & pour tenir la gourmette à la iufte mefure, il faut d'ordinaire, que l'effe
du mitan arriue à vn pouce ou enuiron plus bas, que l'endroit de fa ferme action, cependant que l'appuy de la main eft abandonné.

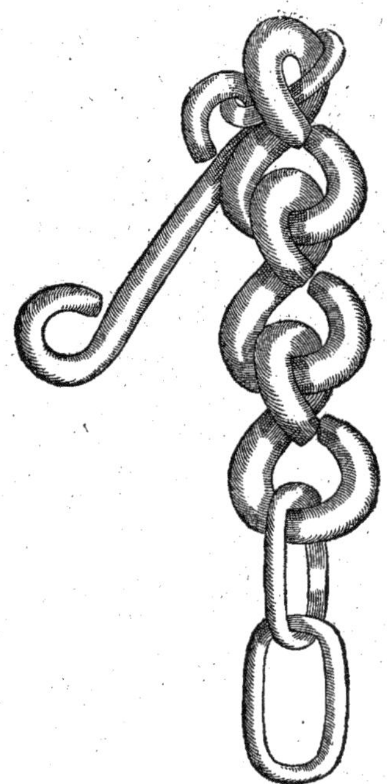

Il faut que toutes ces proportions foyent diligemment obferuees , mefmes celle
qui fe void aux plis des crochets, car eftans accoudez, comme nos efperonniers mal
inftruits les font communément, l'appuy ne fe fait que feulement des endroits qui
font marquez en la prochaine figure, par lettres A, E, & tout le refte de la longueur
du crochet demeure feparé de la jouë du cheual, laiffant inutile la place vuide , qui
eft reprefentee par la ligne droicte, ou fe voit la lettre O, & au contraire le crochet
doit toucher efgalement la jouë par toute fa longueur, comme il eft ayfé à iuger par
ceft autre crochet ouuert.

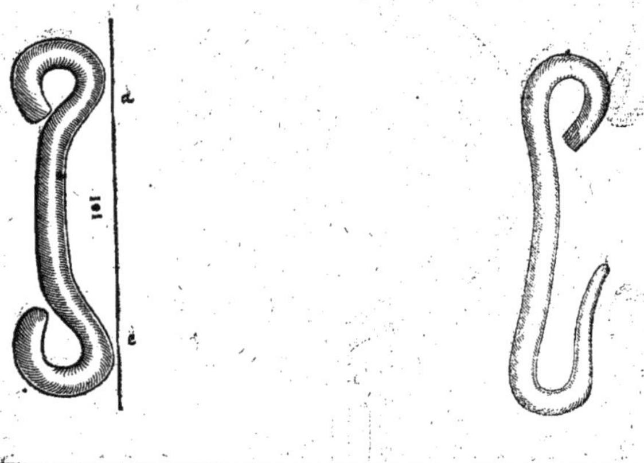

QVAND LA BARBE DV CHEVAL
eft trop delicate.

CHAPITRE XXVII.

I'A y dict ailleurs que les gourmettes qui ont les effes gros & ronds, offenfent moins la barbe en appuyant, que celles qui font plus menues: toutesfois parce qu'il ne fe peut faire qu'en ces effes il n'y ait toufiours ie ne fçay
quoy d'inegal & boffu, & auffi qu'il fe trouue fouuent des cheuaux qui ont la barbe
tant fenfible, que la moindre douleur ou incommodité qu'ils fentent en icelle partie, les fait battre à la main, les bleffe, ou comment que ce foit, leur interrompt la
memoire, & le ferme & temperé appuy de la bouche, il fera bon d'vfer en telle occafion d'vne piece entiere , vnie & bien polie, qui garniffe proprement la barbe au
lieu des trois effes de la gourmette commune , comme l'on peut iuger par ces figures.

f iij .

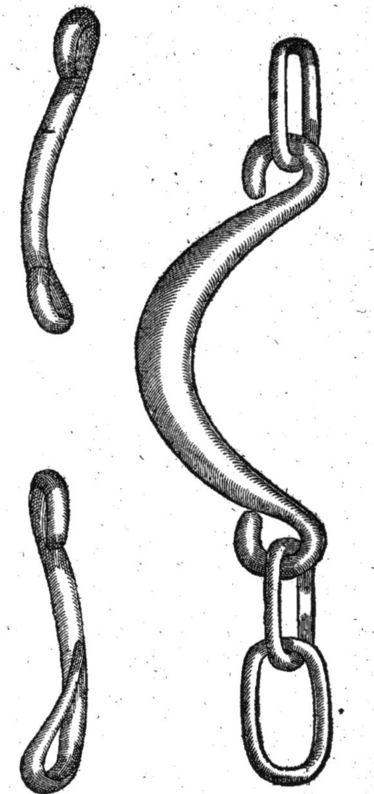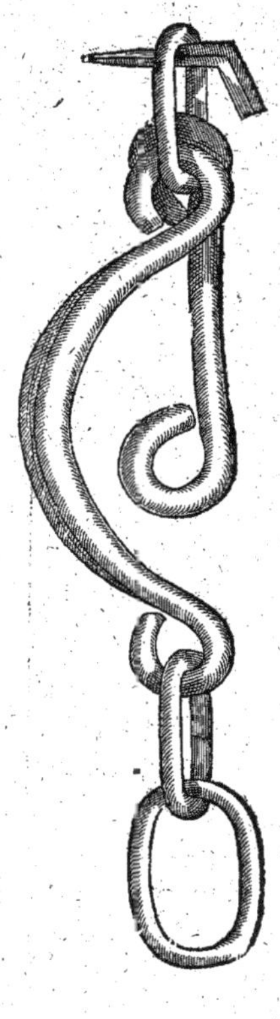

Sı le cheual á la barbe tant sensible, que toutes ces gourmettes l'offensent nonobstant leur douceur, alors il sera bon de luy appliquer celle de cuyr, ou de chanure
trenné, ou de sangle doublee, n'ayant que enuiron vn grand poulce de large, comme
il est icy figuré, perseuerant auec patience, iusques à ce qu'il soit asseuré à l'appuy de
la bride: & par ce moyen sagement pratiqué, on le pourra resouldre (auec le temps,
& l'ordinaire action de la bonne main, (pour le moins à l'vsage de la plus douce gourmette de fer.

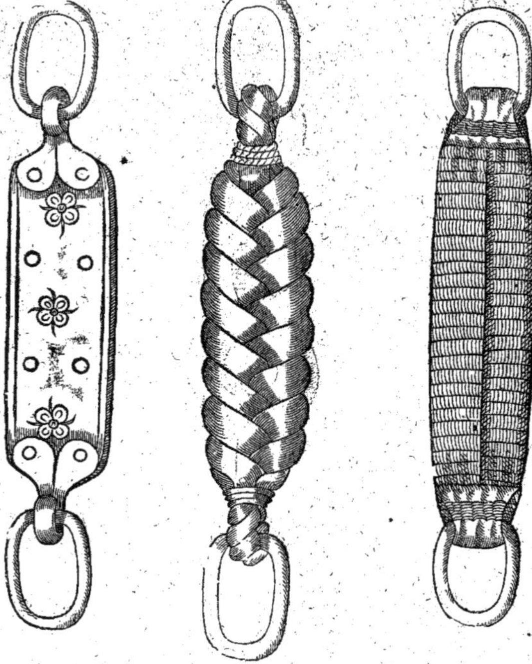

QVAND LA BARBE DV CHEVAL EST DVRE,
pour estre trop charnue, ou trop couuerte de poil.

CHAPITRE XXVIII.

Lvsievrs cheuaux tirent ou pesent à la main, pour auoir le cuyr
de la barbe tant espars, ou tant armé de poil qu'ils ne craignent nul-
lement la subiection des gourmettes cy-dessus representees: mais
pour tout cela, ie ne voudrois, s'il estoit possible, qu'on vsast des remedes extraordinaires & plus rudes: neantmoins y estant contraint
par l'obstination, ou negligéce naturelle du cheual, i'approuue que
pour quelques iours on se serue de la gourmette de trois esses quarrez, & suffisamment gros, pourueu qu'on puisse conseruer la barbe entiere & saine. Ie ne veux representer d'autres remedes plus violents, parce que i'en suis ennemy: mais aduenant
que le cheual perseuere trop en sa fougue ou pesanteur, ie le remets à l'exercice de la
bonne escole & aux bons effects du cauesson, ou de la seguette, selon les reigles deduites sur les occasions aux Liures premier & second.

f iiij

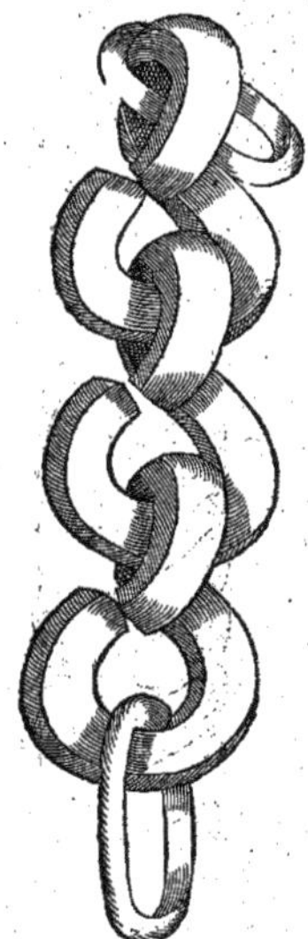

QVAND LA GOVRMETTE NE S'ARRESTE EN SON
propre lieu de la barbe, cependant que par la ferme action de la bride on souſtient; ou
qu'on ramene le cheual en ſa plus belle poſture.

CHAPITRE XXIX.

VNE des choſes qui nous ſont plus difficiles en la iuſteſſe des brides, eſt d'arreſter la gourmette à ſon vray lieu de la barbe, cependant qu'on pare le cheual, ou qu'on en ſouſtient le ferme appuy de la bouche: Aſſauoir quand en icelle partie, l'os de la maſchoire eſt trop droit, trop eſtroit, trop plat, ou trop deſpourueu de chair: neantmoins aucuns Caualerces ingenieux ont diuerſement inuenté des moyens pour retenir la gourmette en ceſte partie limitee, nonobſtant les ſuſdites imperfections: les vns en arreſtant les deux crochets par certaines petites liaiſons, qui tiennent aux extremitez de l'emboucheure, contre le ply du banquet: d'autres par des petites cheſnes, qui tiennent à l'eſſe du mitan de la gourmette, & aux cheſnettes des branches: d'autre auec vne fourchette de fer, qui ſe loge au long & entre les deux os de la maſchoire, & qui tient par le bout droit (fait en vis) à la muſerolle de la teſtiere dans vne eſcrouë, & le bout fourchu accroche & tient la gourmette là où elle eſt arreſtee par ſa vis & l'eſcrouë. Encores pourrois-ie dire d'autres inſtrumens leſquels ie ne veux diſcourir, pratiquer, ny figurer, laiſſant ceſte curioſité à ceux qui recherchent plus les effects differens d'vne infinité de brides antiques & modernes, que la pratique des bonnes reigles de l'exercice. En cecy ie repreſenteray ſeulement mon ſtyle plus commun. Sçauoir eſt, deux crochets beaucoup plus longs que les precedents, leſquels par leur longueur extraordinaires, & par la façon dont ils ſont pliez & courbez, retiendront mieux l'appuy de la gourmette, au lieu plus propre de la barbe, que s'ils n'arriuoient que iuſques au coude de la branche.

Afin que ces derniers crochets n'allongent la iuste mesure de la gourmette, il faut tenir les mailles plus courtes que celles qu'on fait ordinairement, & au lieu de trois esses, n'en mettre que deux, qui tiendront à vn anneau fait vn peu en ouale, lequel fera son ferme appuy au poinct du milieu de la barbe, estant ainsi logé au milieu de la gourmete, comme il est icy representé.

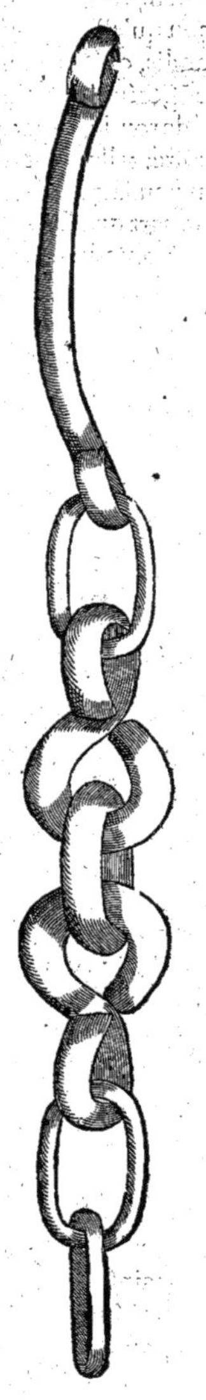

I l faut bien confiderer comment ces longs crochets font figurez, car de leur tour
& façon defpend le fubiect & le moyen qui retient fouuent l'appuy de la gourmette,
au vray lieu de la barbe mal proportionnee.

O v t r e que cefte derniere gourmette, qui a les crochets fi lon gs, s'arrefte mieux
en fon appuy & propre lieu de la barbe: ceft appuy en eft beaucoup ples efgal, que
celuy des gourmettes ordinaires, & qu'il foit ainfi, on peut voir en la prochaine figure
d'icy-apres, que les trois effes font enchefnees, de façon qu'elles appuyét fur la partie
feneftre de la barbe, des deux coftez accoudez & arondis, qui forment ces effes marquez par la lettre A, & d'vne rondeur platte marquee Y, & fur la partie dextre de deux
rondeurs plattes marquees O. & d'vn coude & cofté de rondeur marqué V, & mefmes l'vne des mailles fe trouue de plat & l'autre de cofté: tellement qu'en les acro-
chant au iufte point, il faut neceffairement tordre vn peu la gourmette, & partant il
y a de la faulfeté, qui peut offenfer la barbe plus d'vne part que d'autre, & en l'appuy
de la gourmette precedente & moderne, l'efgalité eft obferuee en la fituation de
toutes les pieces.

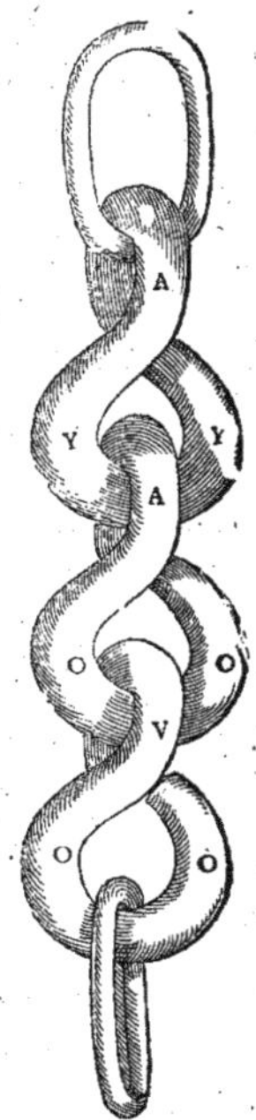

E n la façon de ces gourmettes on peut facilement iuger la commodité de celle où
fe void la preuue de l'appuy, qui fe fait plus efgal: car tout ainfi que les deux effes, & les
deux mailles precedentes font figurees en pareille profpectiue, en effect elles garniffent auffi la barbe de mefme forte: quant à l'aneau ou ouale du mitan, il ne peu faire

qu'vne action au lieu de son appuy limité : tellement que ie soustiens ceste proportion moderne mieux consideree, & plus vtile que l'autre.

E N la difficulté de bien & iustement arrester le ferme appuy de la gourmette au
propre lieu de la barbe du cheual, les cordelles de soyes tressees ou torses, iazerans &
autres gourmettes de chesnons, ou d'vne piece, qui tiennent à la cime de la montee
de l'emboucheure, & lesquelles sont appropriees pour faire leur appuy couuertement entre la lippe de dessous & la genciue, estans bien appliquees, peuuent arrester
& afermir l'appuy de l'emboucheure au vray lieu de la barre, & de la genciue, & mesmes empeschent que la lãgue ne sorte par le costé de l'emboucheure ; toutesfois i'en
remets l'vsage commun à ceux qui l'approuuent plus que moy, si ce n'est à la necessité, & seulement pour vn iour ou deux, quand le cheual aura trop d'inclination à
boire son mors, à quoy lesdites gourmettes secrettes & couuettes, apportent vn remede tres-asseuré : & afin d'en comprendre mieux la forme & les effects, en voicy
quelques figures.

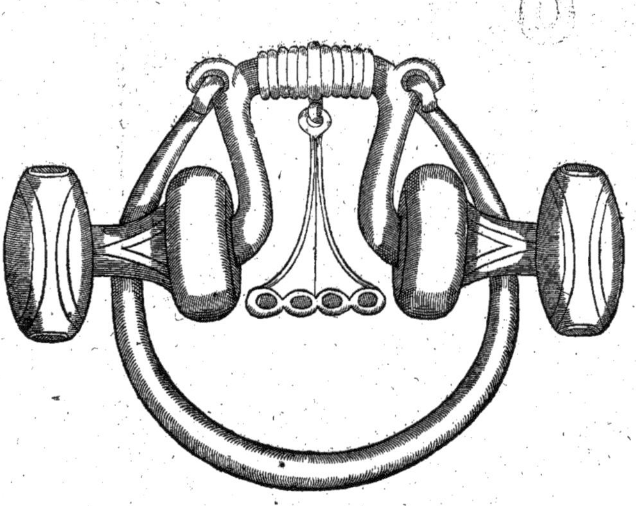

IE

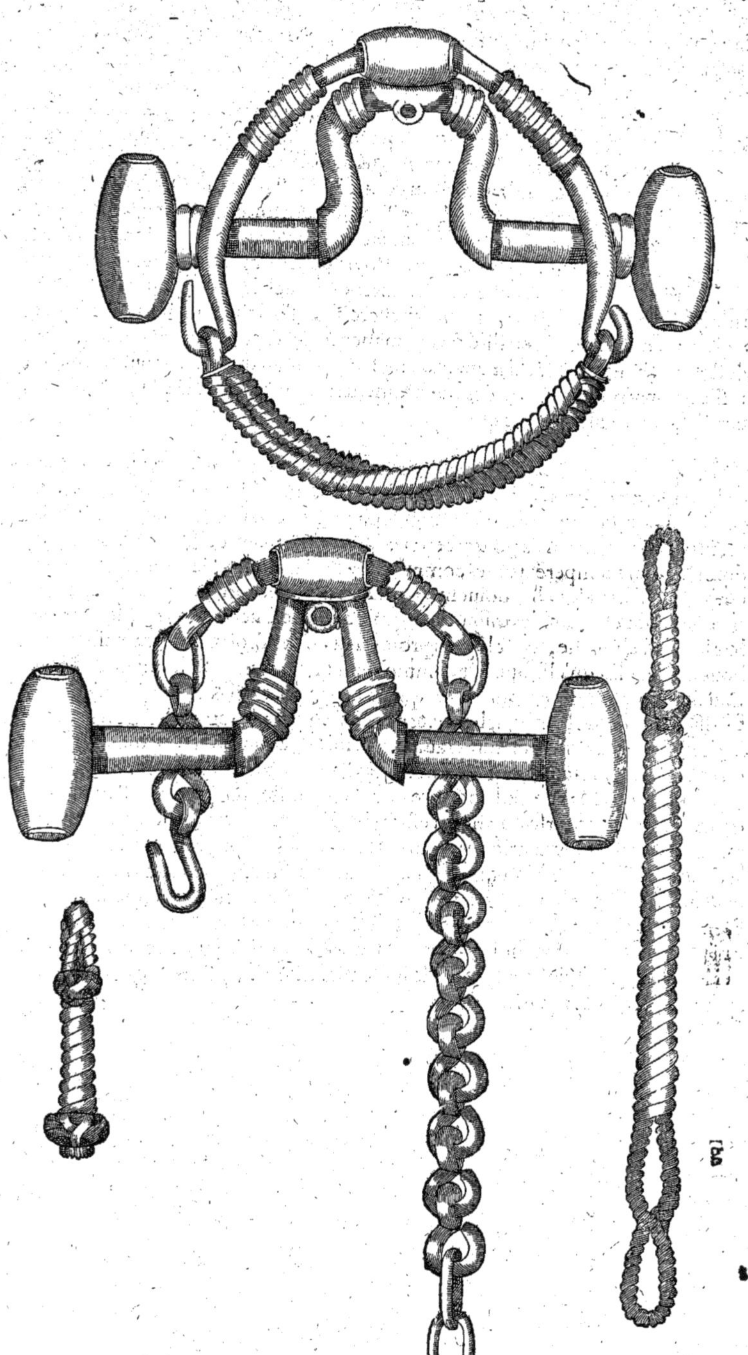

IE sçay que la derniere gourmette figuree, à laquelle sont les esses plus longs que
la mesure ordinaire, ny les emboucheures precedétes garnies de deux prinses, n'em-
pescheront pas tousiours que le cheual ne boiue la bride, coulant la maschoire dessous l'appuy d'icelle gourmette, principalement quád il sera en quelque action fort
craintiue, ou hors d'haleine, ou extremement las, ou qu'il sentira des douleurs ou de-
bilitez extraordinaires, en quelque mébre particulier, ou genera ement en tous: car
ce sont les vrayes occasions, qui contraignent le cheual à s'abandonner tout ccnfus,
ou estonné sur l'appuy de la main. Au contraire si estant en ses forces, il rameine &
soustient legerement, & presque de soy, sa posture racolte & releuee, sans doute l'emboucheure & la gourmette appuyeront facilement sur les parties de la bouche & de
la barbe, où se doit faire ce vray appuy. Voyla pourquoy ie suis d'auis que pour bien
disposer le cheual aux bós effets des susdites emboucheures & gourmettes, on le fortifie & alegerisse, premierement en luy accroissant l'haleine, la disposition, l'asseurance, & par consequent la facilité de son manege par l'exercice de la bonne escole, mo-
destement continué, & s'il a quelque maladie ou douleur, qui luy empesche la legeresse, qu'on y pouruoye par des bons remedes: & par ce moyé la bonne bride se trouuera beaucoup plus excellente.

DES proportions iusques icy representees par figures & raisons, l'homme de cheual peut iuger que les bons effects des emboucheures bien ordcnnees, naissent en
partie du soin, qu'on doit auoir à tenir le cheual en obeyssance, sans luy blesser ny
meurtrir la bouche: mais plustost en la contraignant, l'embellir, a refraischir, & luy
donner appuy temperé, par les commoditez & plaisirs des pieces contenuës en ces
emboucheures, lesquelles doiuent garnir & remplir proprement les concauitez inutiles de la bouche, sans les offenser, comme aussi il est necessaire, que les parties plus
haultes de la bouche, soyét logees propremét aux endroits, qui ont vuides en l'emboucheure, afin qu'elle appuye commodément par tout. Par le mesme discours le
Caualerice peut aussi comprendre, que le propre de l'œil & de la gourmette, est de
fortifier l'appuy de l'emboucheure, & par consequent de retenir l'action par laquelle
le cheual s'auance trop: encores faut-il entendre que les branches qui sont à present
en l'vsage de nos escoles, ont esté inuentees par les bós maistres, plus pour ramener,
former & soustenir vne belle posture de col & de teste, que pour arrester par violence la fougue & la course du cheual effrené. Ceste preuue se void souuent en la practique des mords plus antiques, comme les bridons à l'Angloise, & l'Escossoise, &
les brides à la genette, à la Turquesque, & à la Moresque, qui peuuét retenir le cheual:
mais à faute de nos branches, les façons de telles mords ne luy rameinent ny soustiennent la teste en bonne ny belle situation. Or pour bien vser des commoditez,
qui procedent des branches modernes, il me semble qu'il faut recessairemnt obseruer les preceptes que i'ay discourus au premier Liure, & aussi ceux qui se trouueront
cy-apres deduits & figurez.

POVR BIEN GARDER LA IVSTE
HAVLTEVR DV COVDE
de la branche.

CHAPITRE XXX.

OMBIEN que i'aye difcouru au premier Liure les communs effets du coude de la branche, ie diray encores que pour ne faire point d'erreur trop groffiere en cefte partie, il faut garder les proportions qui font cy-apres figurees; fçauoir eft, que pour maintenir en belle pofture le cheual, qui a la garbe du col bien tourné, la tefte en bon lieu, & duquel l'appuy de la bouche eft leger, on doit limiter la haulteur de ce coude, là où fe voit en la prochaine figure, & fur le banquet la ligne marquee B, & pour ramener le col allongé ou abandonné, & le nez trop auancé, il faudra haulfer à la forge le tour du coude, iufques à la ligne marquee A : & fi l'appuy de la bouche eft foible, ou le col trop fouple, mefmement en l'action qui arme le cheual contre fa poitrine, on gardera le point de la ligne du C : mais il eft neceffaire que le refte du trait de la branche forte du foible, fe rapporte à ces trois proportions, felon l'vtilité qu'on voudra tirer de leurs bons effets, comme ie diray : autrement la reigle fera inutile.

CE coude de la branche fe peut faire de plufieurs autres façons: toutesfois s'il eft plus bas, que ce que ie reprefente en cefte figure, il en aura moins de grace : & rendra l'appuy de la bouche trop incertain, & s'il eft plus haut, il pourra faire naiftre l'occafion de defplacer l'appuy de la gourmette du iufte lieu de la barbe conuiant par mefme moyen le cheual à boire la bride, s'il y a tant foit peu d'inclination. C'eft en quoy on void encor' vne preuue que la iufte mefure du coude defpend en partie de celle du banquet: parce que le banquet eftant trop court, ou trop long, il fait paroiftre le tour du coude trop hault, ou trop bas, fi on ne luy a donné quelque forme extraordinaire.

g ij

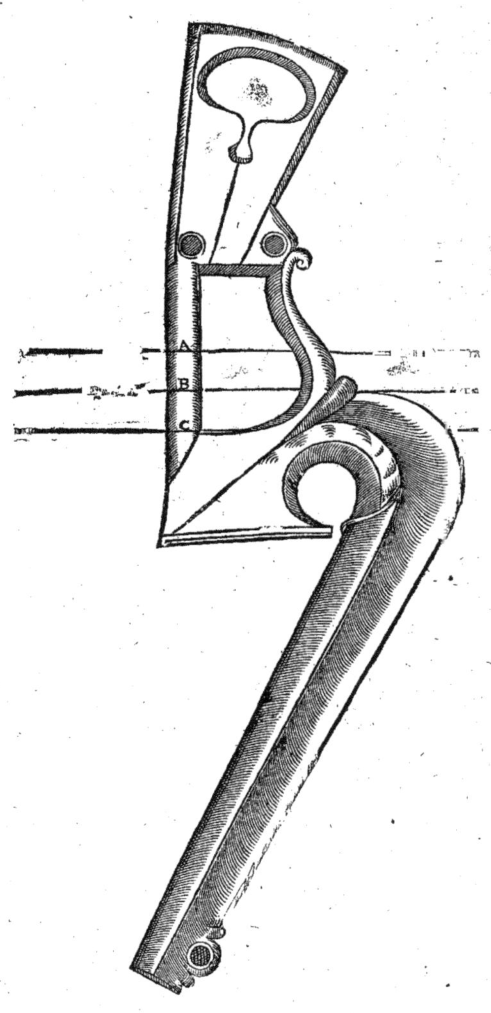
A
B
C

EXPLICATION DES BRANCHES
gaillardes, ou foibles.

CHAPITRE XXXI.

V is que le propre de la branche est, de mettre le col & la teste du cheual en belle & ferme posture; il est donc necessaire de la tenir gaillarde, foible, & de mediocre force, selon que le cheual sera facile ou mal aysé à ramener: & pour bien comprendre en quoy consistent les differens effects de la branche, il faut considerer la ligne qui est tiree en la prochaine figure, & qui prend son origine de la droite proportion du banquet, & que tant plus le trou du touret de la rozette sera auancé & esloigné de ceste ligne, assauoir du costé de la lettre A, d'autant plus la branche renforcera l'action de la gourmette: & tant plus aussi ce touret sera reculé de la ligne, approchant de la lettre E, tant plus la branche se trouuera foible, parce qu'elle approchera plus facilement de la poitrine: & aboutissant sur la ligne, au point marqué O, elle commencera à prendre nom de gaillarde, ou hardie. Or quand la branche se trouue trop gaillarde, il est necessaire de tenir la gourmette d'autant plus longue: & au contraire la branche estant trop foible, il faut accourcir la gourmette: afin que par leurs proportions bien rapportees, l'appuy de l'emboucheure se puisse temperer. Quant aux differentes longueurs des branches, i'en parleray aux occasions plus necessaires.

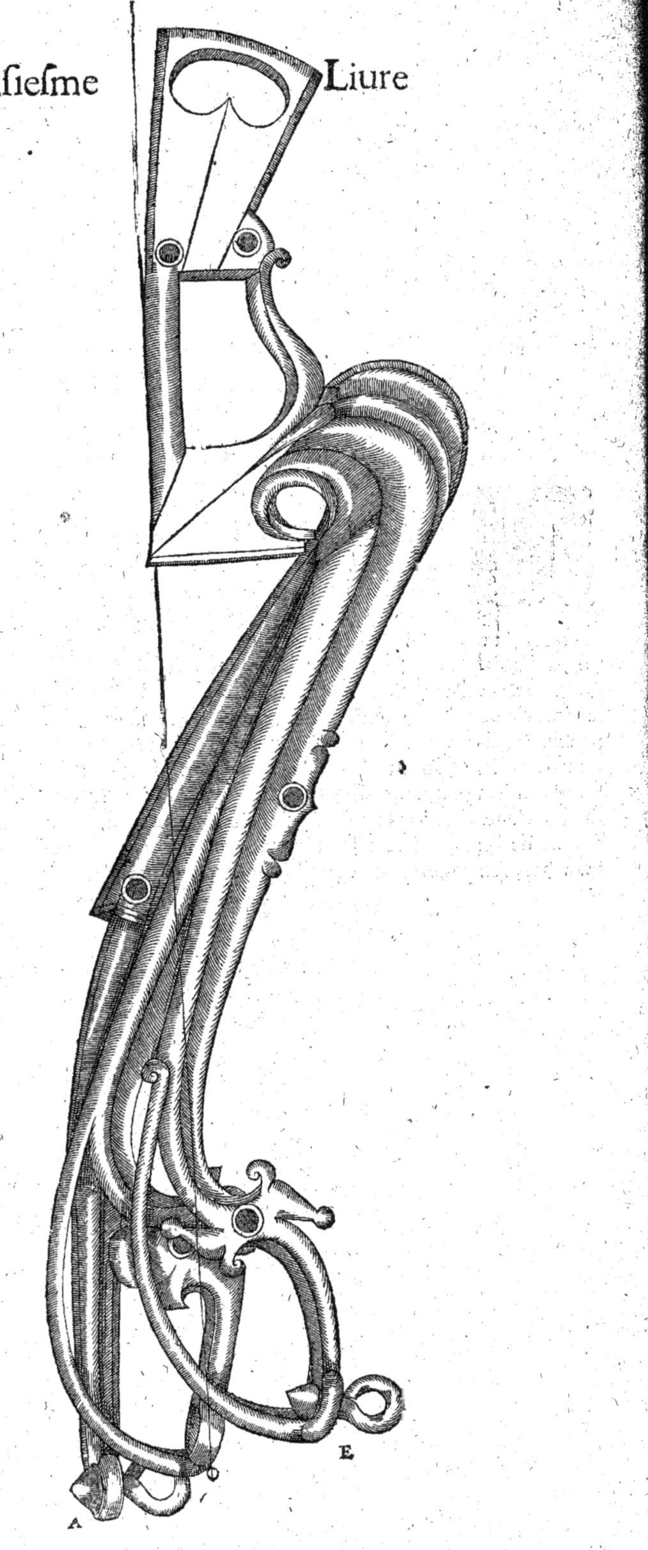
E
A

LES COMMVNS EFFECTS DE LA ROZETTE
de la branche.

CHAPITRE XXXII.

A rozette eſt vne partie, qui embelliſt plus la branche qu'elle n'eſt neceſſaire
à ramener, ny à fouſtenir la teſte du cheual: car ſans la forme de ceſte rozette,
on a bon moyen de tourner la branche, de façon que le bout d'embas ſe
trouue en tel poinct qu'on veult, comme il ſe peut iuger par la derniere proportion cy-deuant figuree, & qu'on verra mieux en lieu plus à propos: toutesfois la
rozette peut affoiblir la branche, qui a le tour du coude trop fermé, & qui auance beaucoup, à cauſe qu'elle recule le trou du touret, & par meſme moyen elle deſarme & fou-
ſtient: c'eſt pourquoy on la fait plus grande, ou plus petite, & diuerſement auancee ou
reculee.

POVR LE CHEVAL QVI NATVRELLEMENT
tient le col & la teſte en belle & legere poſture.

CHAPITRE XXXIII.

V A N T que paſſer plus outre, ie veux aduertir de nouueau celuy qui trauaille
ſon eſprit à rechercher ſubtilement l'artifice des brides extraordinaires, qu'il
n'en trouuera point, qui ſeulement de ſoy puiſſe long temps changer & forcer la naturelle ſtature du cheual, qui par quelque neceſſité portera de mauuaiſe grace le col & la teſte, & que les moyens incertains trop continuez ameneront
l'incommodité de quelque autre accident, qui ſe trouuera ſouuent plus deſplaiſant &
preiudiciable, que l'imperfection, à laquelle on aura penſé remedier, par la violence du
mords trop rude ou confuſement appliqué: au contraire les bons effets de la bride bien
ordonnee, ioincts au continuel exercice de la bonne eſcole, pourront beaucoup
ayder à nature, & meſmes aucunesfois le gaigner par l'habitude bien reglee, qui
auec le temps changera l'action faulſe, quoy qu'elle ſoit naturelle, à vne qui ſera bonne, ou moins mauuaiſe, comme i'expliqueray par ordre: mais premier ie repreſenteray
la branche commune qu'il faut au cheual, qui de ſon inclination porte en beau lieu le
col & la teſte, & duquel l'appuy de la bouche eſt ferme & leger: & meſmes afin que
ceſte bonne & naturelle poſture ne s'abandonne ſur l'appuy, ny ſe ramene trop, mais
pluſtoſt qu'elle ſoit maintenue, & ſouſtenue par la commodité de la branche, qui ſe
void cy-apres figuree, laquelle ne ſe trouuera gaillarde ny foible, comme il ſe peut
voir par la preuue de la ligne droite, qui vient du banquet: & cy-deuant interpretee &
marquee par la lettre O.

g iiij

Qvand l'œil du mords est
plus haut, que le coude à plus de
tour , & que la rozette est plus
ouuerte que les proportions qui
sont icy figurees, sans doute il y
a quelque difformité. Toutesfois pour ayder aux remedes de
quelques imperfections , il se
faudra necessairement dispenser:
Mais ie suis d'auis qu'apres on re-
uienne, s'il est possible, au moins
à vne médiocrité.

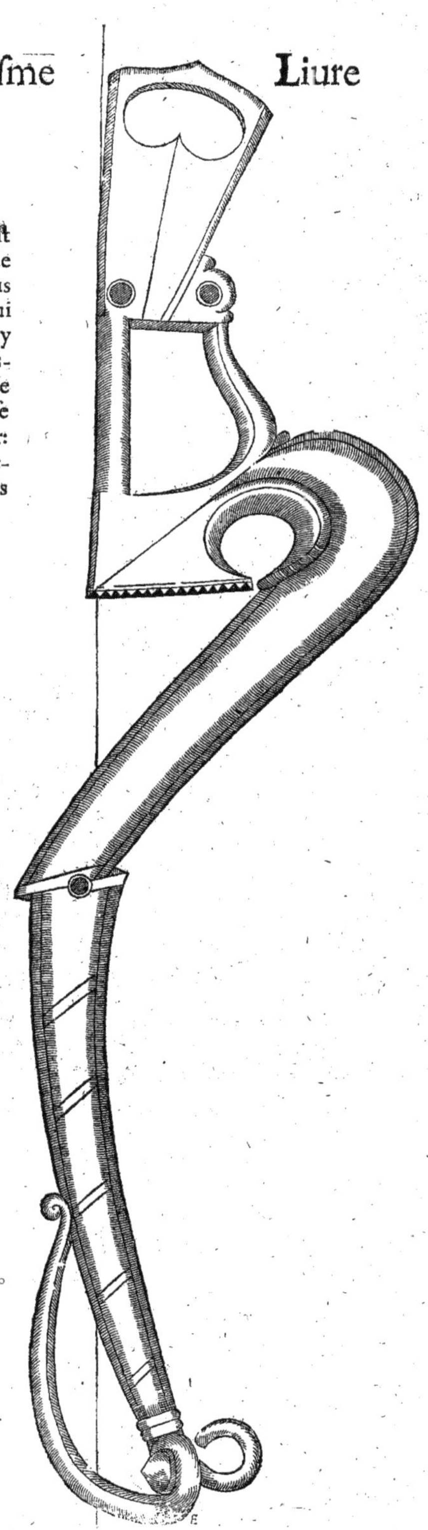

QVAND LE CHEVAL TIENT ORDINAIREMENT
le nez trop auancé par mauuaise habitude, ou pour estre trop chargé de col, ou de teste.

CHAPITRE XXXIIII.

PLVSIEVRS subjets peuuent donner occasion au cheual, de tenir le nez trop auancé, principalement la mauuaise habitude, la nonchalance & pesanteur naturelle, la foiblesse, la lassitude extreme, la faulse stature du col, & l'imperfection des maschoires trop voisines: or quand il porte le col & le nez trop allongé seulement par accoustumance, par paresse, ou pour estre beaucoup chargé de chair sur le deuant, & que neantmoins l'arc du col est bien tourné, & la maschoire suffisamment ouuerte, il faudra tenir l'œil de son mords vn peu plus hault & moins reculé, & la branche plus gaillarde que la commune façon, comme elle est icy figuree.

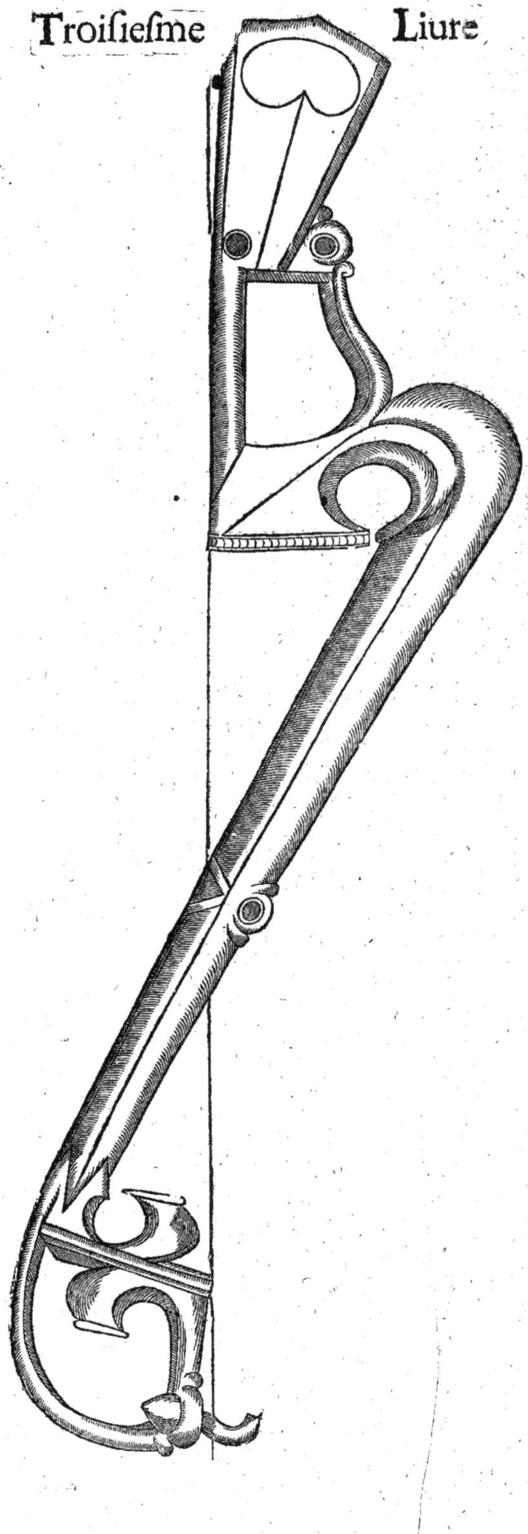

QVAND LE CHEVAL PORTE LE COL ESTENDV
& le nez trop auancé, seulement par debilité.

CHAPITRE XXXV.

On peut iuger par la figure cy-deuant representee, que la branche ainsi gaillarde ramenera le col & la teste du cheual, qui sera trop allongé ou estendu de la main en auant. Toutesfois, s'il tient le nez bas & auancé à faulte de force, ie ne veux pas qu'on pense que l'artifice de ceste branche, ny quoy qu'elle soit autrement faite, luy puisse fortifier les mébres foibles, qui l'abandonneront sur l'appuy de la main lors qu'il ne pourra fournir à ce qu'on le voudra contraindre outre sa capacité : c'est en quoy ie n'approuue pas qu'on taiche à ramener le cheual de tel naturel, seulement par la contrainte de la branche : mais plustost ie suis d'auis qu'on la tienne vn peu longuette, & plus reculee qu'il ne semblera estre necessaire en apparence, cependant que les forces du cheual seront vnies : & veux qu'on repare ce qui s'affoiblira de la branche par la montee, qui se pourra faire à l'emboucheure, quoy qu'elle ne soit nullement vtile à l'interieur de la bouche, pourueu que ceste montee n'offense le palais, ny les barres, & qu'elle soit si bien ordonnee, que son effect, propre à ramener, ioinct à la mediocre force de la branche, tiennent le col & la teste du cheual en sa place racolte, plus belle & plus ferme, en luy soulageat, ou luy foulant moins les membres que si la branche estoit plus hardie. Et pour mieux comprendre ce precepte, il faut sçauoir que la branche assez foible & longue resoult le cheual, qui a la bouche fine, au ferme appuy de la main, & mesmes luy soustient l'action de l'arrest, sans luy precipiter ses forces, à cause qu'elle arriue facilement à la poitrine, & par consequent la bouche en est soulagee, ensemble la barbe : & celle qui est courte & fort auancee se trouuant par ceste forme, & en son appuy, plus esloignee de la poitrine, violente d'auantage la bouche, la barbe, & la maschoire du cheual, & luy estonne les membres, mesmement quand ils sont debiles, à cause des efforts douteux & incertains qu'il fait souuent tout à coup, sans donner temps d'estre soustenu craignant la rude action de ceste branche trop gaillarde : par ainsi il vaut mieux en telle occasion qu'elle soit ordinairement trop longue, que trop courte, & pour la faire de façon qu'elle puisse mieux assubiectir & soustenir ensemble, il la faut proportionner comme elle est cyapres figuree : car estant ainsi tournee, elle aura la force de ramener, d'autant qu'elle auance au milieu plus que la ligne du banquet, iusques à la lettre A : & soustiendra l'autre moitié, estant reculee, & aboutie au poinct de la lettre E, selon la figure suyuante.

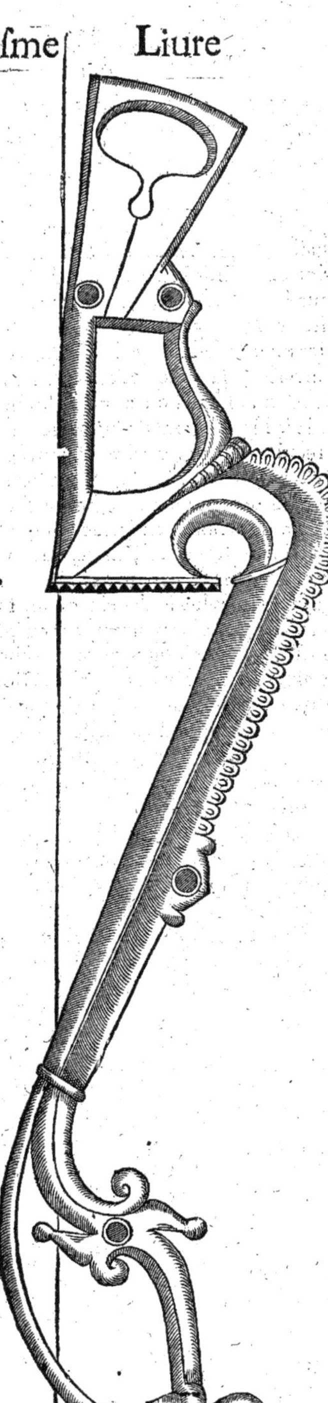

L A

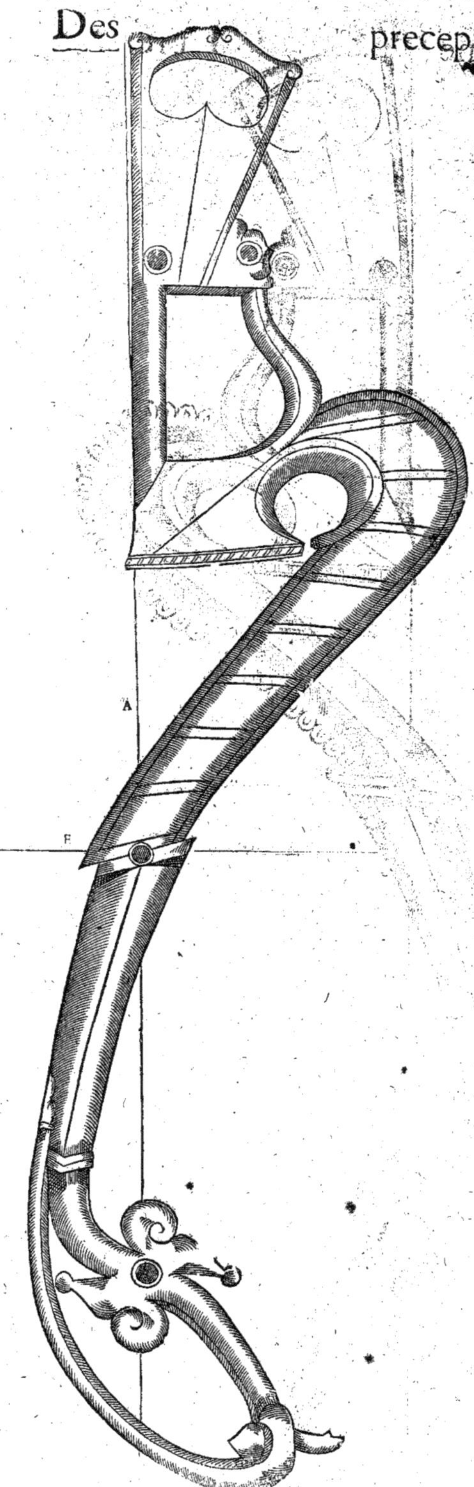

La ſuſdite branche eſtant ainſi
droicte par le bout du touret, aura autant d'effect, & ſouuent plus
de fermeſſe & de ſouſtien, mais
moins de grace que celle qui ab-
boutit par le retour d'vne rozette
bien faicte : toutesfois, i'approuue
fort ce qui decore la poſture du
cheual : & par ce qu'en ſon orne-
ment, la branche du mords eſt vne
des parties, qui contente plus la
veuë de celuy qui facilement s'ar-
reſte à la beauté de tel animal, ie
ſuis d'auis qu'on enrichiſſe communément la façon de la branche
de quelque rozette bien faicte, qui
toutesfois ſoit vtile : & afin que ſa
forme n'aye gueres moins d'effect
que la branche precedéte, il faudra
garder les meſures & proportions
de ceſte figure.

EN ces façons de branches, il
faut considerer que si la proportion qui descend du coude, & qui
deuance la ligne du banquet marquee A, finit par le iarret, la gail-
lardise de sa premiere action, plus
haulte que la ligne marquee E, qui
trauerse la branche, le cheual en
sera plus soustenu, & moins rame-
né, que si ceste partie gaillarde, gardant sa forme auancee, accompai-
gnoit plus bas la generale longueur
de la branche.

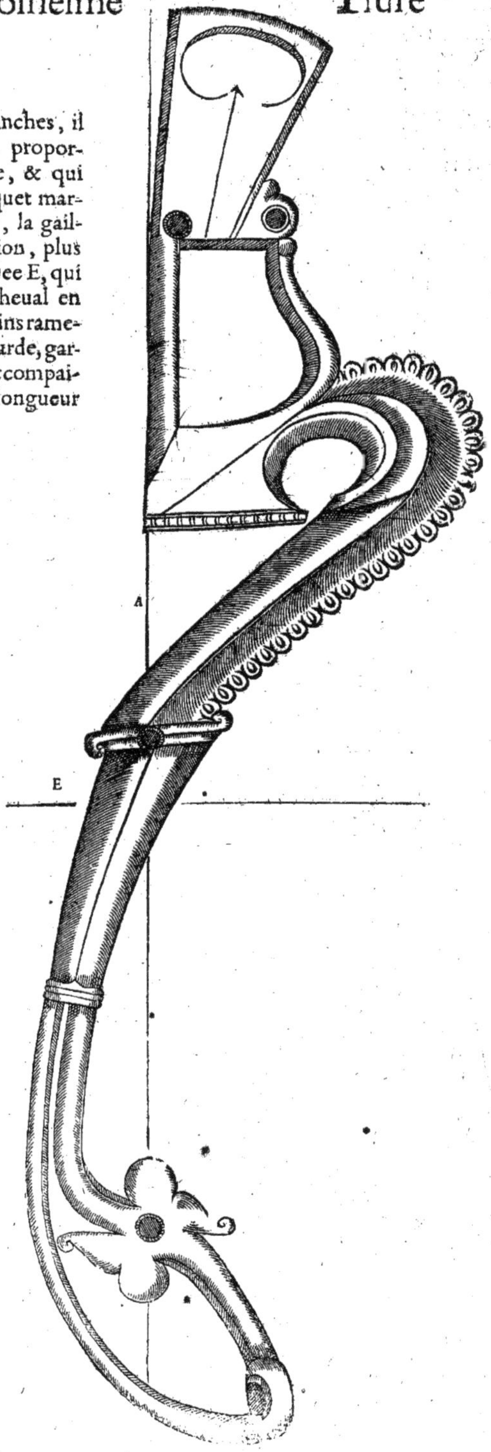

A v contraire de la fufdite branche, celle qui eft ey-apres figuree,
change fa premiere action plus bas
que la ligne marquee E, en defcen-
dant & reculant apres comme la
precedente, iufques au bout de la
longueur generale marquee O : &
par telle proportion, elle doit fou-
ftenir moins, & ramenera dauantage.

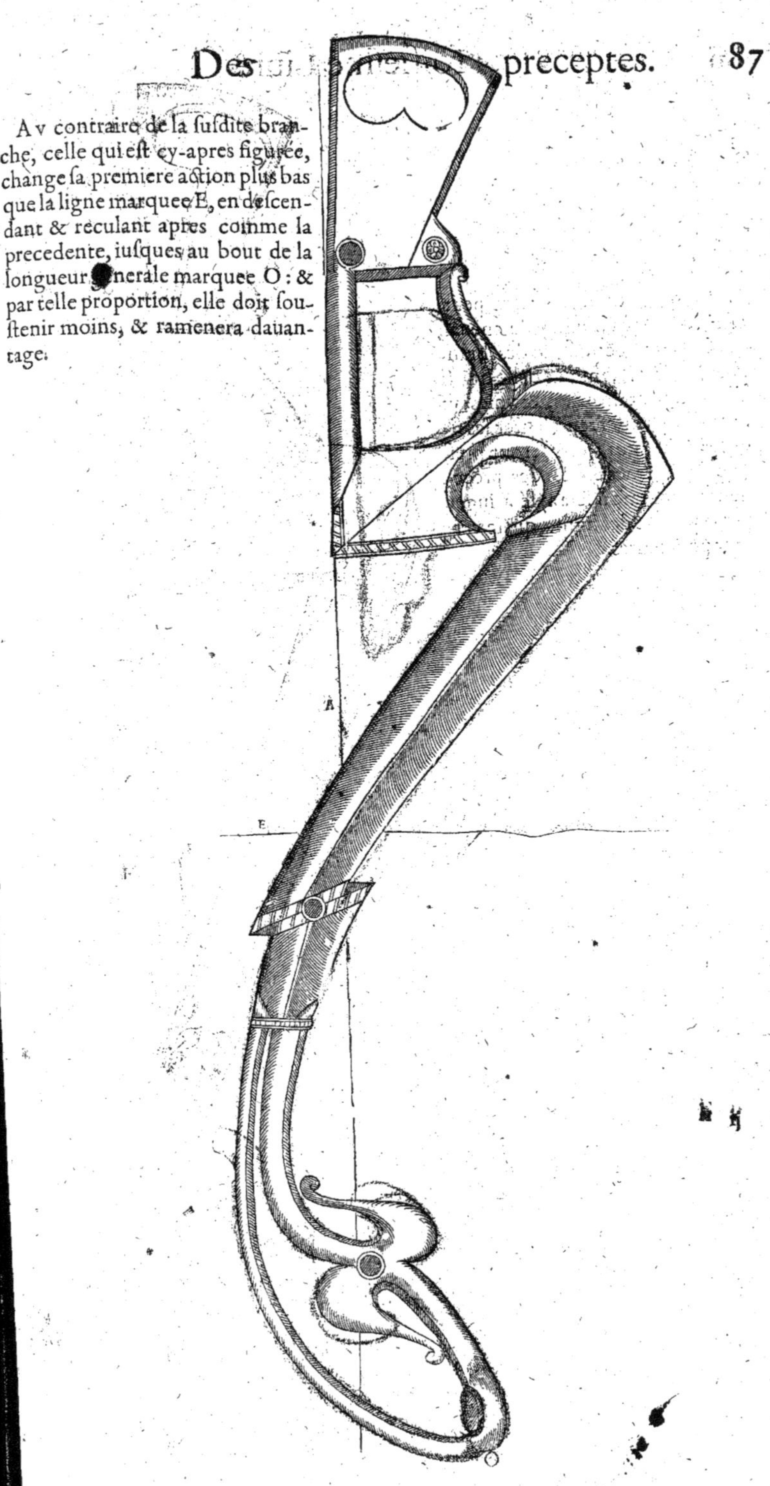

E T parce qu'il semblera peut-
estre à quelque homme de cheual,
que la forme commune des branches susdites soit moins belle que si
elles estoyent droictes, & vnies au
mitan, i'ay voulu representer les figures suiuantes , qui feront presques les mesmes effects des precedentes, comme il sera aysé à iuger
par la preuue des lignes, qui se verront pourtraites.

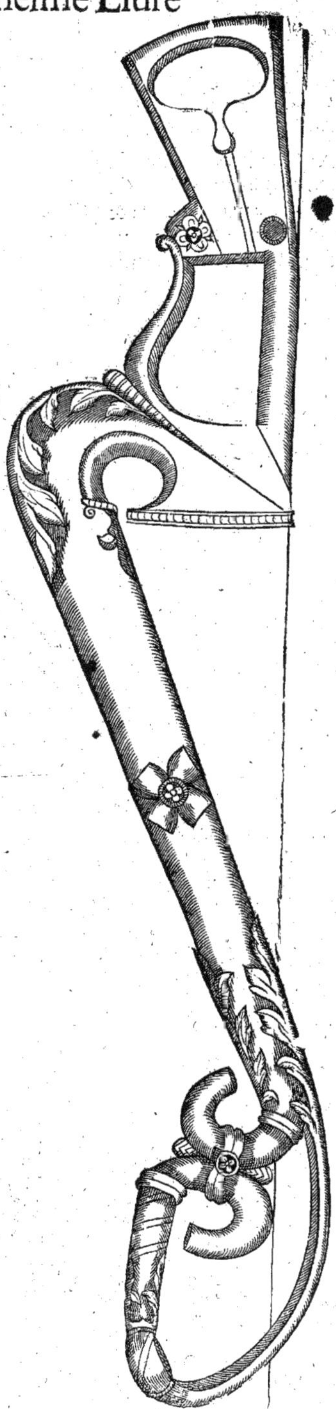

ENTRE ceux qui ayment la propreté, il y en aura qui trouueront plus belle la façon de quelqu'vnes de ces rosettes, que d'autres diuersement figurees: mais ils ne se
doiuent tant arrester à la bien-seance, qu'ils ne considerent (comme i'ay desia representé) que tant plus le tour de la rozette s'estend en arriere, tant plus la branche en
est affoiblie, quoy que iusques au commencement de la rozette la branche auance
& surpasse beaucoup la droitte ligne du banquet, par la premiere action hardie, des-
cendant du tour du coude.

PAR le recueil des raisons & proportions iusques icy deduittes, le bon Caualle-
rice pourra facilement comprendre la façon de la branche, qui sera necessaire pour
soustenir plus que ramener le cheual, qui en auançant le nez, tiendra le col trop bas,
soit de son naturel, ou par mauuaise habitude, ou contraint par quelque particuliere
debilité de membres: & pour ramener plus que soustenir celuy, qui ayant ainsi le
nez trop auancé, tiendra le col plus estendu par le droit, qu'il ne portera la teste basse: & par consequent il iugera auec plus de facilité les effects mediocres de toutes
les parties de la branche, qui se rapporteront mieux à la plus belle posture du cheual, quand de sa naturelle inclination il tiendra fermement & legerement le col & la
teste en bon lieu: mais il y a encores d'autres difficultez, qui se trouueront cy-apres
discourues.

QVAND LE CHEVAL TIENT LA TESTE TROP
haute & le nez trop auancé pour auoir la proportion du col faulse, ou la
maschoire trop serree.

CHAPITRE XXXVI.

ES cheuaux qui se ramenent plus difficilement, sont ceux qui ont le col
renuersé, c'est à dire tourné en hault, & fort gros au dessous : & mesmes
quand les maschoires sont trop serrees : en telles imperfections, les
branches gaillardes amenent plus de desordres que de bons remedes:
car quand nature s'oppose du tout à la souplesse du col, & aux autres parties,
par lesquelles le cheual se pourroit suffisamment ramener, lors il n'y a sorte
d'artifice violant, qui en fin ne se trouue non seulement inutile, mais souuent
le subiect de plusieurs defenses que le cheual fait, & de diuers mouuemens de
desespoir, qui luy suruiennent estant trop recherché & contraint en ce qui n'est
en la capacité de ses forces, non plus qu'à son inclination, & tant plus s'il est appre-
hensif & colere de son temperamment. Tant s'en faut donc qu'en ces empeiche-
mens naturels la branche qui auance beaucoup soit necessaire, qu'au contraire elle
doit estre plustost foible que trop gaillarde: afin que le cheual ainsi mal proportionné de la main en auant, ayt moins d'occasion de craindre l'effort de la branche trop
hardie, & que par l'habitude de l'exercice bié consideré, & propre aux susdites imperfections il cosente & s'asseure peu à peu à la plus belle action & forme, que sa stature
luy pourra permettre. A quoy le sage Caualerice doit auoir esgard auec beaucoup de
soin, afin de ne tomber en l'erreur commune de ceux, qui par la violence de certains
mords rudes, & mal entendus, pensent pouuoir côtraindre le cheual à ce qu'il n'a iamais appris, quoy que d'autre part nature y contrarie: & ce qui plus confirme en cecy leur indiscretion, est que auparauant que le cheual s'arreste librement, soit de sa
propre inclination, ou par la pratique des bonnes leçons, ils le font ordinairement
partir & courir, precipitans sa vigueur & son courage à toute bride, & si souuent que

quand bien il auroit fa generale proportion ayfee, & la bouche legere & fort fine, les
courfes furieufes tant continuees luy endurciroyent, ou efgareroyent infalliblement
l'appuy de la main, à mefure que la violente agitation de telles courfes luy augmen-
teroit la fougue, ou accableroit fes forces. Partant ie laiffe iuger à l'homme de cheual,
qui aura l'efprit bien compofé, fi l'entreprife de tels Caualerices mal fondez peut
reüffir felon ce qu'ils defirent, & fe promettent.

Il faut donc neceffairement que le cheual, qui de fon naturel eft empefché de bié
former la vraye & neceffaire courbure de l'arc du col, & qui a le gofier tant efpaiffi
de gros mufcles & tendons, qu'il ne peut auoir fon entree & place fuffifante entre les
deux os des mafchoires, fe gaigne par douceur, en luy oftant patiemment la fougue
& confufe apprehenfion, tant de la furie des courfes & des afpres arrefts, fouuent
furpris ou faits hors de temps, que des offences receuës dans la bouche, & à la barbe
par la bride trop rude, qui feront caufes qu'il tirera à la main, hauffant le nez extraordinairement, ou qu'il efgarera le ferme appuy de la bouche, faifant aucunesfois l'vn
& l'autre defordre enfemble: à quoy vn des plus certains remedes eft de luy accroi-
ftre l'haleine par l'exercice moderé, & fur tout en l'accouftumant à parer fouuent
fans violence, premierement en allant au pas, & apres au trot, & puis au galop, & en
fin en courant, & le faifant reculer à tous les coups fans grande contrainte, prati-
quant ainfi tous ces moyens felon les reigles difcourues aux Liures precedens: car
par telle diligence on le pourra auec le temps faire confentir librement à l'action de
la bonne bride, & par confequent à la facilité de quelque bonne pofture de col & de
tefte, & à l'obeyffance de l'arreft: & pour le gaigner auec plus de commodité, il le
faudra emboucher, de façon, que la montee de fon emboucheure, arriuant au palais,
le ramene plus que la force de la branche, fans toutesfois l'offenfer en aucune partie
de la bouche: mais au contraire l'accommoder & embellir, obferuant les preceptes
contenus en l'explication des emboucheures cy-deuant figurees.

Et pour proportionner la branche, de façon qu'elle apporte auffi quelque ayde
à ramener le col droit ou renuerfé, & le nez trop hauffé, il faut que l'œil foit vn
peu plus haut que la mefure mediocre, afin qu'il fortifie d'autant l'action de la gourmette: le coude doit eftre auffi plus ferré que la commune façon, pour auancer la
branche iufques au poinct de la lettre A, qui fe voit en la figure cy-apres: car cefte
premiere action hardie le pourra attirer à quelque fubiection baffe: mais il faudra
que la rozette recule plus que la ligne du banquet: car par ce moyen le cheual s'eftô-
nera moins du premier aduantage que cefte branche monftre, iufques à la lettre A.

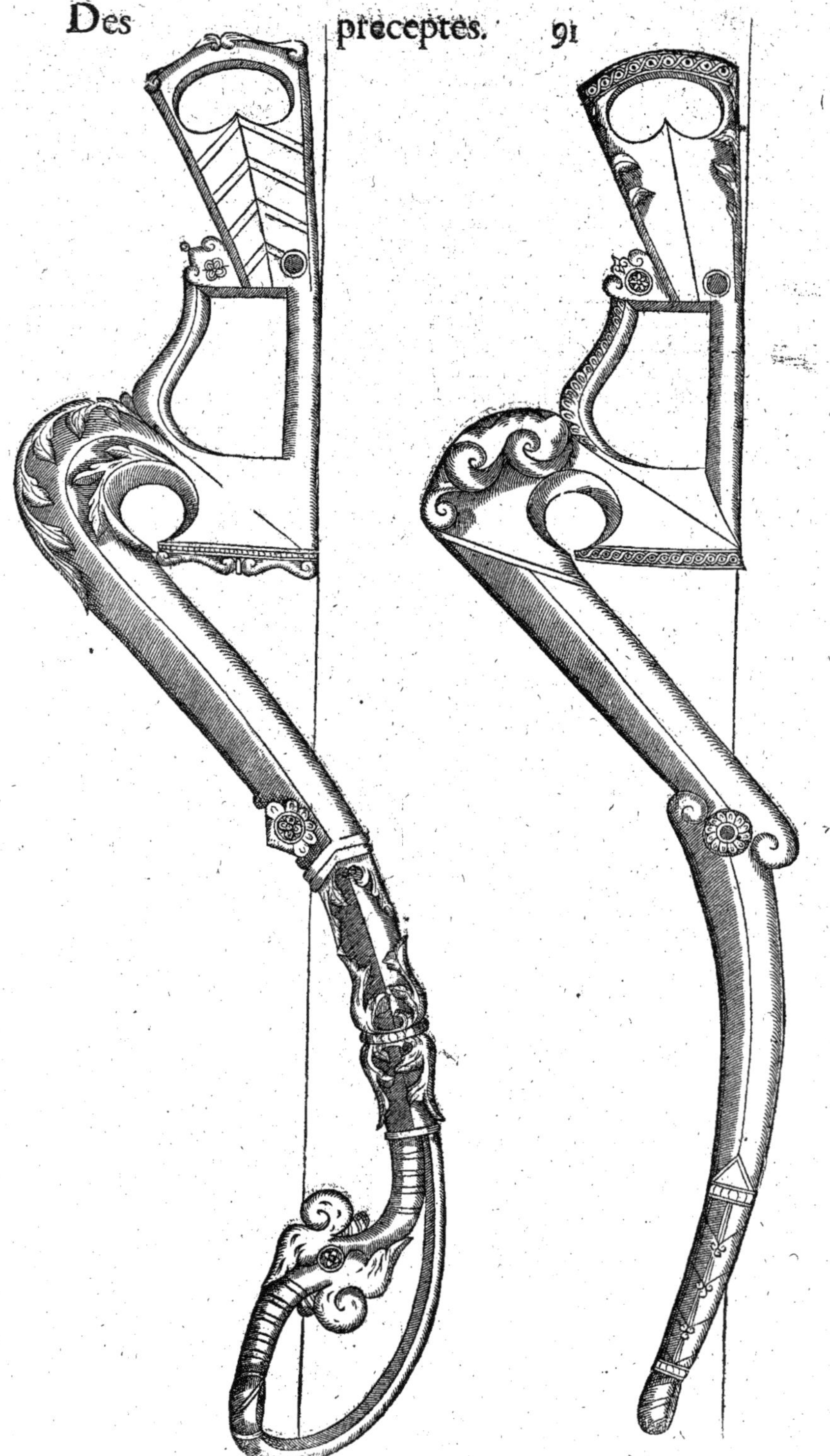

Telles branches seront propres au cheual, qui ayant le gosier fort plein & tendu, les maschoires trop serrees, sera naturellement contraint de tenir le nez auancé: mais si outre tout cela, il a le col tant renuersé, que quand le cheualier le voudra arrester il se puisse armer & defendre, en appuyant la branche contre le gosier pres la maschoire, alors il faudra tenir l'œil plus bas, & la branche plus courte, gardant au reste l'ordre des proportions, qui sont icy representees.

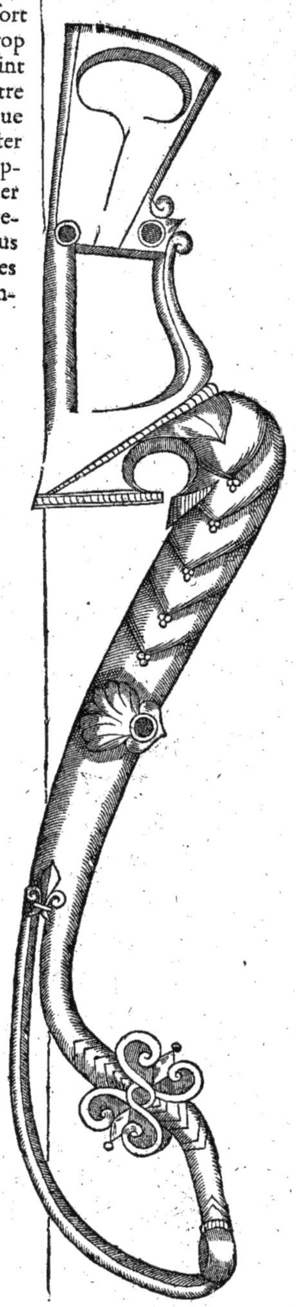

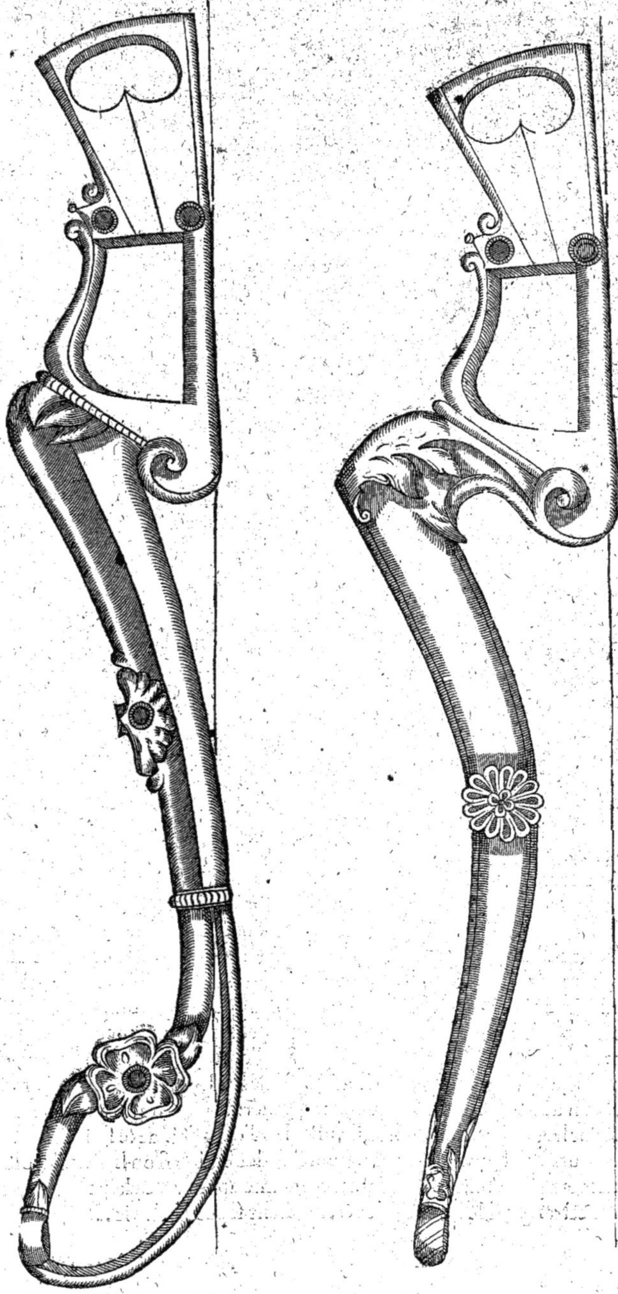

PLVSIEVRS Cheualiers, apres auoir essayé beaucoup de branches differentes, & n'auoir peu par icelles faciliter l'appuy de la bouche du cheual, qui a le col fort renuersé, & qui s'arme, se seruent à l'extremité de vrays mords à la genette, ausquels sans doute il se trouue aucunesfois quelque commodité, à cause qu'en la branche d'iceux il n'y a forme ny longueur, qui puisse bien arriuer au lieu que le cheual la voudroit appuyer pour s'opposer à l'effect de l'emboucheure & de la gourmette : & pour ramener le cheual qui tient la teste fort haulte, & le nez fort auancé, aucuns Caualerices se seruent d'ordinaire du chastimét, & des commoditez de la camarre. Pour moy, ie n'approuue ny ne blasme l'vsage de la branche à la genette, parce que si le cheual en est par fois arresté, aussi elle luy esgare souuent la teste, qui est vne desplaisante & dangereuse imperfection, & ne luy soulage aucunement la bouche, les espaules, ny les iambes : mais pour ayder à ramener la teste de tels cheuaux, ie tiens que la practique de la camarre peut beaucoup seruir, moyennant que la muserolle n'en soit trop rude, ny les longes qui s'attacheront aux sangles trop tendues, mesmement si le cheual est colere, & fort sensible : & pour se bien preualoir de l'vtilité que ce remede peut apporter, il faut sagement obseruer les preceptes, qui se trouueront au premier Liure sur le discours des cheuaux, qui ont besoin des effects de la camarre, & de ceux qui ne peuuent endurer aucun appuy rude dessus le nez.

QVAND LE CHEVAL S'ARME EN BAISSANT LA teste, & en appuyant les bouts des branches de son mords contre la poitrine.

CHAPITRE XXXVII.

LA pluspart des ieunes cheuaux font diuersement quelque action desagreable, au commencement qu'on leur fait recognoistre la bride, mesmement ceux qui sont bizarres & d'humeur colere : & selon que l'emboucheure est rude, & mal-plaisante, il y en a qui secouënt la teste d'vn & d'autre costé, ou er. hault & en bas : & des autres qui tiennent souuent le nez auancé, & bandé, ouurans la bouche & faisans les forces, ou mettent la langue dessus l'emboucheure : d'autres qui taschent à se desbrider auec les pieds & iambes de deuant, & ceux qui font pis que tout cela, ayant le col trop souple ou trop courbé, baissent la teste & appuyent les branches de leurs mords contre la poitrine, toutes les autres imperfections se peuuent plus facilement corriger par les bons moyens de l'art, que ceste derniere : car les fermes & subtils mouuemens de la bonne main asseurent auec le temps le col & la teste du cheual, & par l'exercice de la bonne escole, le racourcissent, & l'asseurent à l'appuy temperé du cauesson & de la bride, propres aux proportiós & nature de la bouche, & par consequent l'encouleure fait l'habitude, & facilité de son plus bel arc, & le front celle de sa droicte & ferme situation : mais quand le cheual malicieux, qui naturellement a le col fort souple, ou trop vouté, a recogneu le moyen de se defendre aux effects de la bride, en baissant le front, & appuyant les branches contre la poitrine, il est presque impossible de le desarmer de ceste defense, mesmes par l'artifice & les cómoditez particulieres, & plus subtiles de l'emboucheure, des branches, ny de la gourmette, à cause qu'il n'y a nulle action en la bride, qui pousse directemét le nez du cheual en auant, & toutes le peuuent ramener : de sorte que si à tel cheual on applique la branche gaillarde ou courte, il aura plus d'occasion de se serrer dauátage, pour auoir recours à ce faux appuy, par lequel il se deffend, & si on la tient foible ou longue, elle arriuera plus commodément en ce mesme appuy. Voyla pourquoy il ne faut trouuer estrange, si les Caualerices remedient si peu à tels vices.

Pvis donc que le propre des principaux effects de la bride, est de retenir & rac-
courcir l'action du cheual, il vaut mieux se seruir en ceste occasion, des yeux & des
branches, qui ramenent moins, que de celles qui sont plus fortes, recherchant d'ailleurs la legeresse & facilité de la bouche, par quelque subiection de gourmette, ou
emboucheure, qui sans montée, ou forme estrange appuyent vn peu rudement sur
la barre, & sur la barbe: sans toutesfois meurtrir ny blesser l'vne ny l'autre partie:
quant à la longueur des branches, elle se doit rapporter à la taille, ou à la posture du
cheual: mais pour les façons ordinaires que i'approuue, elles sont representees en ces
figures.

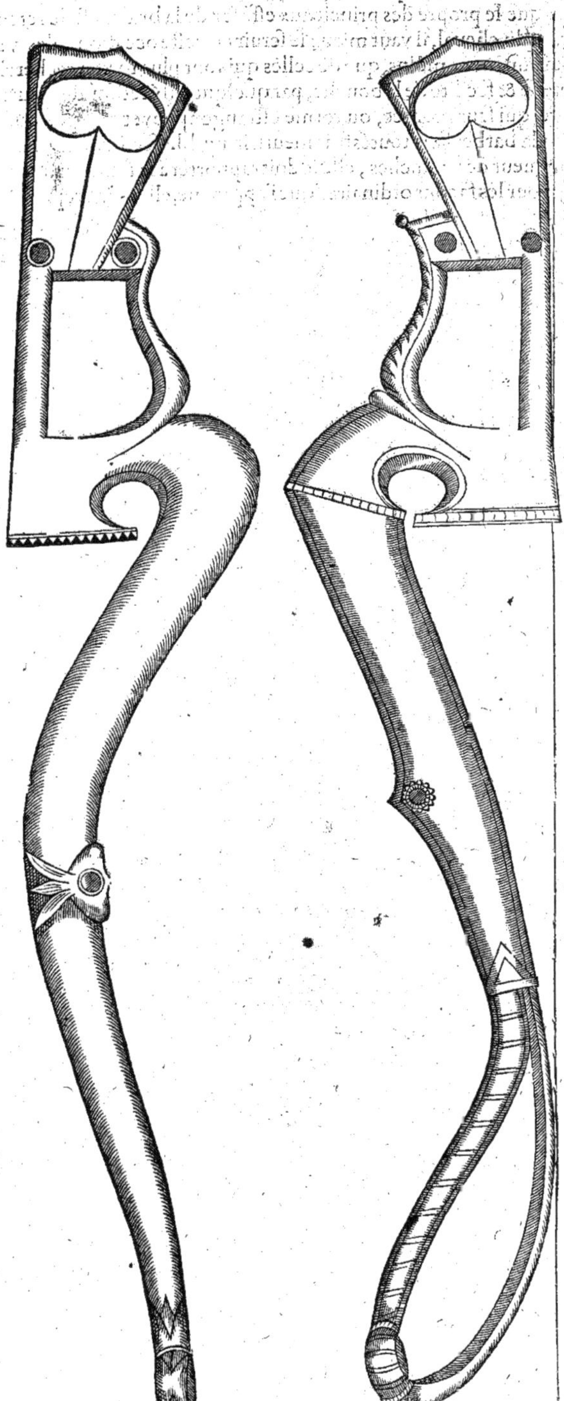

LES

L E s branches cy-deſſus figurees n'empeſcheront pas que le cheual ne ſe deffen-
de par le ſuſdit & faux appuy : mais elles luy donneront moins d'occaſion de baiſſer
la teſte pour s'armer, que ne feront beaucoup d'autres plus auancees par le bas : &
pour donner à ces branches plus de force, (en incommodant la ſoupleſſe du col,
par laquelle le cheual fait la faulſe action trop ramenee & appuyee) on peut tirer
quelque ayde d'vn certain billot canallé, long temps y a en vſage, que la ſouſgorge
de la teſtiere tient arreſté entre le goſier & le hault des maſchoires du cheual : mais
d'autant que ce remede eſt groſſier & fort mal-ſeant, meſmes aux cheuaux de legere
taille, il vaudra mieux ſe ſeruir d'vne boule de bois bien ronde, qui par le moyen de la
ſouſgorge ſe peut facilement loger, & plus couuertement, entre le goſier & les deux
os de la maſchoire, & ceſte boule doit eſtre garnie, comme elle eſt icy repreſentee.

La grosseur de ceste boule se doit proportionner selon l'eschancrure de la plus
haulte distance des maschoires, parce qu'estant trop petite elle demeureroit du tout
enclose, & inutile entre les deux os des maschoires, & si elle estoit trop grosse, la grosseur excessiue la rendroit trop apparente, & la feroit souuent tourner de quelque
costé, deslogeant de la vraye place où elle doit estre arrestee, mais estant faicte & accommodee auec iuste proportion, elle se pourra facilement arrester assez hault contre le gosier, à cause que la separation des maschoires est faicte en estrecissant par bas:
& ceste iustesse se doit entendre quand la moitié de la boule entre dedans ladite separation des maschoires, & que le gosier rencontre l'autre moitié: par ce moyen le cheual pourra estre aucunesfois empesché de se ramener trop: & afin que la boule pa-
roisse moins, il la faudra peindre ou couurir de drap, ou de veloux, de la couleur que
sera le cheual qui en aura besoin, ou telle qu'on voudra.

Encore ay-ie practiqué plusieurs autres moyens, pour empescher que le cheual
n'appuyast trop les branches de son mords contre la poitrine, & mesmes ie faisois
grand cas de certaines pointes ou moulettes pointues, mises aux bouts d'embas des
branches: afin que le cheual s'offensast & se chastiast soy-mesmes, en se voulant armer contre le col, ou la poitrine: mais il y a long temps que i'ay laissé l'vsage de ce remede, pour en auoir veu naistre pour le moins autant de desordres, que d'vtilitez.

En fin l'action que le cheual fait du col & de la teste, quãd il s'arme par l'appuy de
la poictrine, & des branches de son mords, & celle qu'il doit faire des hanches & des
espaules, pour parer & manier legerement, sont tant contraires qu'elles ne peuuent
estre faictes ensemble : c'est pourquoy il est si mal-aysé de faciliter les arrests des cheuaux, qui se couurent trop en baissant le front.

QVAND LE CHEVAL PREND L'EMBOVCHEVRE, OV
la branche de son mords auec les dents pour eschapper, forçant
le bras & la main du cheualier.

CHAPITRE XXXVIII.

PAR les discours & preceptes precedents on aura peu comprendre
que Nature donne souuent au cheual plusieurs moyens de se deffendre contre les bons effects de la bride, & que tant plus il est malicieux, tant moins il se trouue de remedes à ses deffenses, principalement quand il y est long temps accoustumé & endurcy, or vn des
plus dangereux moyens qu'il sçauroit trouuer, pour s'opposer à
l'obeyssance, est de prendre l'emboucheure auec les grosses dents, ou la branche
auec celles de deuant, taschant d'arracher les rennes de la main du cheualier, comme
li aduient aucunesfois: neantmoins les empeschemens de tels vices sont assez faciles:
car en accommodant vne chesnette ronde, ou vn assez large ruban de soye: qui passe
entre la lippe, dessous, & la genciue du cheual, & qui tienne à la montee de l'emboucheure, si elle est ouuerte, ou aupres du ply du banquet estant fermee, où à l'œil de la
branche, comme i'ay desia monstré par les figures precedentes, ces moyens empes-
cheront que le cheual puisse haulser & boire la bride, & par consequent qu'il se saisis-
se de l'emboucheure auec les grosses dents, & afin qu'il ne puisse prendre la branche,
il y faut seulement ioindre vne piece, qui croise enuiron l'endroit qu'il la peut mor-
dre, & qui tienne & soit arrestee par deux fortes viz, pour auoir moyen de l'oster &
remettre quand on voudra, comme il est icy represanté.

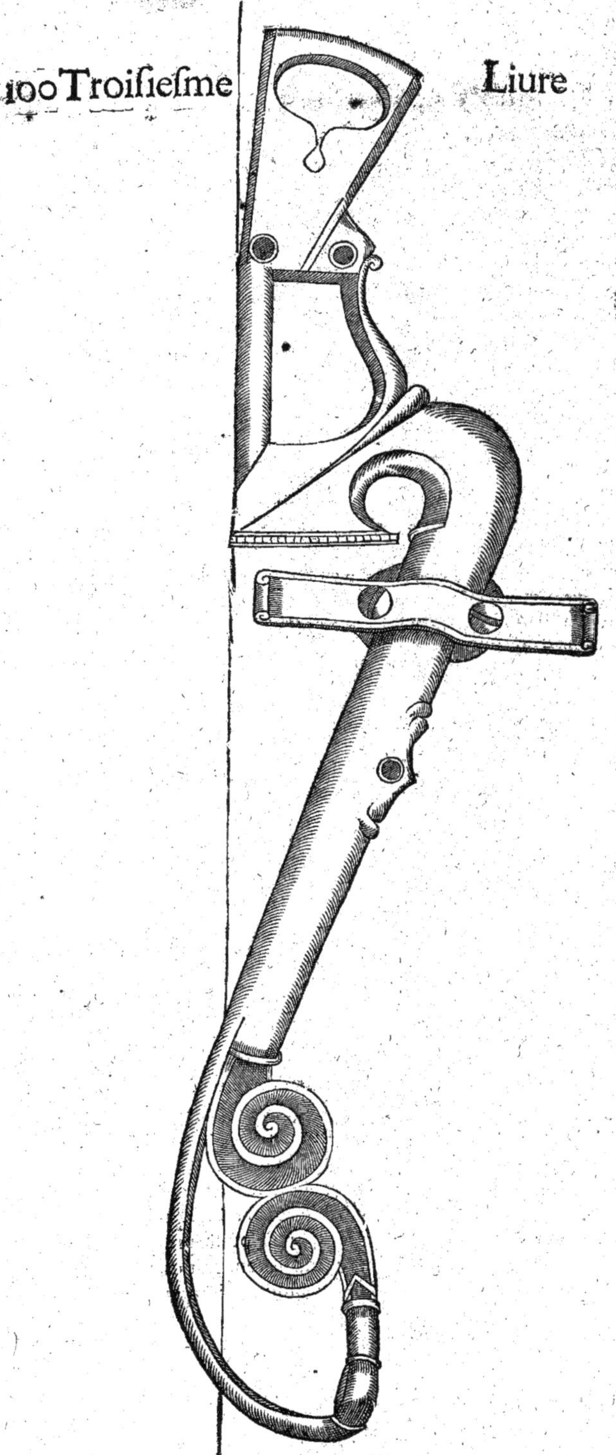

E n telles occasions, i'ay autresfois vsé de certaines branches assez longues, qui estoient pliees de façon, que depuis le milieu d'icelles iusques au touret de la renne, elles s'esloignoyent tant l'vn de l'autre, que le dessous du col poüuoit entrer facilement entre les deux, & n'estoient arrestees que seulement au mitan par vne forte chenette: ce remede ioinct à celuy du billot ou de la boulle susdite, m'a souuent aydé en ceste imperfection, & peut aussi seruir au cheual, qui en tournant plie le col, soit malicieusement, ou pour l'auoir trop souple, ou à faute de force, ou de bon exercice: mais la pratique en est si mal seante, que ie la laisse maintenant à ceux qui l'approuteront plus que moy, me contentant aussi d'en auoir dict quelque chose, sans representer la figure.

<hr>

LE VRAY MOYEN DE BIEN MESVRER LA
longueur de la branche.

CHAPITRE XXXIX.

E v x qui iusques à present se sont meslez de discourir des brides bien considerees, ont donné les longueurs des branches mesurant du fonds du banquet, ou du plus hault du coude d'icelles, iusques au trou du touret des rennes: en quoy ils ont faict l'erreur mesmes que i'ay cy-deuant reprouuee, parlant de la haulteur de l'œil: car le banquet estant plus court, ou plus long que la proportion ordinaire, peut d'autant accroistre ou diminuer la longueur generale de la branche, quelque iuste mesure qui ayt esté iugee par ceste reigle incertaine. Mais pour bien ordonner les susdites longueurs, il est necessaire de tenir vn des poincts du compas au mitan du banquet marqué A, & l'autre au mitan du trou du gros touret, sur la lettre B, comme il se voit par la figure suyuante. La raison de ce precepte est aysee à comprendre, puis que le principal appuy qui s'arreste sur les barres, & l'effort de la branche se font par l'action du noyau de l'emboucheure, qui se doit aussi terminer iustement au mitan du ply du banquet: & partant ceste reigle est plus approuuable.

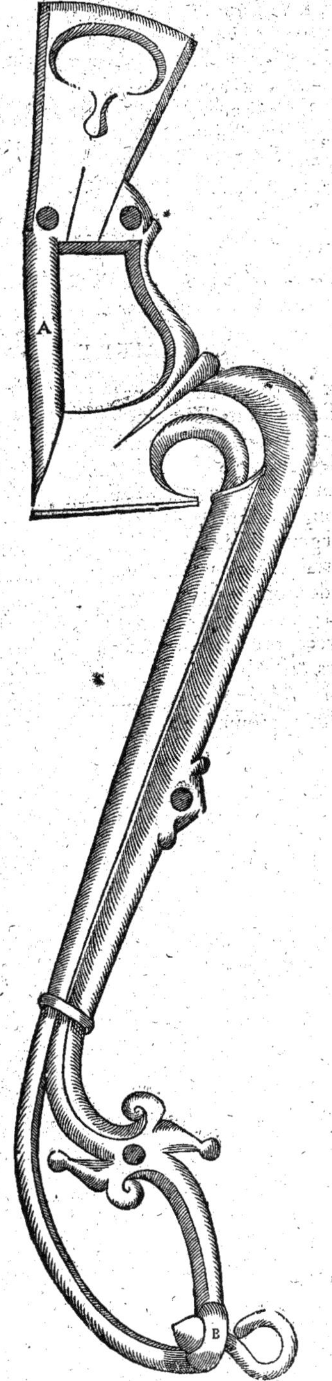

DE LA BIEN-SEANCE DES BOVCETTES.

CHAPITRE XL.

POVR si bien que la bride soit elabourée, encore se doit-elle embellir par l'agencement des boucettes choisies à propos, à sçauoir, petites, medioeres, ou grandes, selon la stature du cheual, qu'on en vouldra accommoder. Car ce seroit vn mauuais rapport de parer vn petit cheual auec de grades boucettes, comme aussi d'en bailler de trop petites à vn qui feust fort grand. Or outre les diuerses façons des boucettes, du temps present, les plus haultes sont celles, que i'approuue moins, parce qu'elles font paroistre la bouche du cheual trop large. Partant ie desire, qu'on se serue communement de celles, qui sont basses, & encoreie suis d'auis qu'on tienne fort bas les petits tuyaux, qui les soustiennent sur les trous de l'œil, & de la sousbarbe de la branche, ausquels sont inuestis les clous, qui attachent & retiennent les boucettes.

LA CAVSE POVRQVOY LES FIGVRES DE CE LIVRE
*n'ont esté ioinctes & reduites en mords entierement fournis
& differens.*

CHAPITRE XLI.

LEs moins sçauants en cest art, seront ceux qui trouueront plus estrange, que ie n'aye figuré en ce Liure les mords entiers & garnis, à l'imitation de plusieurs Caualerices, qui ont escrit & mis leurs reigles en lumiere : mais les mieux entendus cognoistront, que i'ay fait ce que mes deuanciers deuoient faire. Car pour bien embrider le cheual, il faut necessairement que les formes & temperaments de toutes les parties de la bouche, de la barbe, de la maschoire, du col, des espaules, & mesmes des forces de tous les autres principaux membres d'iceluy, soyent bien & separément considerees, premier que iuger & resoudre l'entiere composition de la bride: & faisant autrement on se trompe, d'autant qu'il y a des occasions differentes, cy-deuant deduites, qui peuuent rendre l'appuy de la bouche differemment bon, ou mauuais: partant i'ay voulu monstrer & discourir ainsi par ordre separé toutes les susdites propositions, afin que le Caualerice curieux puisse mieux composer & ordonner les mords, selon la stature, le naturel & la capacité du cheual.

L'ORDRE QV'IL FAVT TENIR EN DONNANT AV
*cheual vne bride neufue, ou qui luy eſt incognewe, & la deffinition
de ce troifiefme liure.*

CHAPITRE XLII.

E cheual qui eſt de bonne inclination, & qui a l'appuy de la bouche naturellement ferme & leger, reçoit paiſiblemét toutes ſortes
de mords qu'on luy eſſaye: mais celuy qui eſt d'humeur colere &
bizarre, ou qui a la bouche, ou la barbe trop dure ou trop ſenſible,
ne ſe gaigne pas touſiours ſi facilemét:au contraire, il aduient d'ordinaire que pour ſi proprement que la bride puiſſe eſtre faicte, s'il
en reçoit quelque deſplaiſir premier que l'auoir bien gouſtee & re-
cogneue, il ne l'ayme de long temps apres, & aucunesfois, pour ceſte ſeule occaſion,
ne ſe plaiſt, ou ne s'aſſeure iamais bien ſur l'appuy d'icelle: c'eſt pourquoy quand le
ſage Caualerice veut emboucher de quelque nouueau mords le cheual fort ſenſible,
apprehenſif, ou capricieux, il luy doit donner au moins deux iours pour le maſcher,
& recognoiſtre auec quelque friandiſe:aſſauoir le premier iour er le tenant bridé dedans l'eſcuyerie, & le ſecond en le promenant doucement eſtant deſſus, laiſſant la
gourmette plus longue que ſon iuſte point: & encores la premiere & ſeconde fois
qu'il l'exercera, auec la nouuelle bride, il ſe doit ſoigneuſement garder de luy offen-
ſer tant ſoit peu la bouche, ny luy faire autrement deſplaiſir,afin qu'apres il trouue
plus d'aſſeurance à ladite bride, ou qu'il ayt moins d'occaſion de la hayr, ou
craindre.

CELVY qui recherchera neceſſairement, ou par curioſité les bons effects des emboucheures,gourmettes & branches,qui ſont figurees en ce troiſieſme Liure,trauail-
lera ſon eſprit confuſement & ſouuent en vain, s'il ne cognoiſt bien toutes les proportions & qualitez de la bouche, de la barbe, de la maſchoire,& du col,enſemble le
courage, l'inclination, & la ſuffiſance, ou incapacité, des forces generales & particulieres de tous les membres du cheual qu'il voudra proprement embrider. Mais par
la cognoiſſance du naturel de toutes ſes parties, il pourra faire eſlection de l'emboucheure, qui ſe rapportera mieux à l'interieur, & au temperament de la bouche, de
l'œil, & de la gourmette, qui ſera plus neceſſaire à la forme & nature de la fente, &
de la barbe : & de la branche, qui façonnera & ſouſtiendra legerement la plus belle
& ferme ſituation du col & de la teſte du cheual: de ſorte que par l'aſſemblement &
les commoditez de toutes ces proportions bien iugees, la bride ſe trouuera proprement & iuſtement compoſee,pour donner appuy ſolide à la bouche foible, ou trop
ſenſible: allegerir celle qui tirera ou s'appuyera plus qu'à pleine main: r'amener &
courber l'arc du col, qui ſera eſtendu, ou le redreſſer aucunement eſtant trop cour-
bé:aſſeurer ou baiſſer la teſte eſgaree, ou portee trop hault, & l'auancer & haulſer,
ſi en couurant le nez, elle preſente trop le deſſus du front: toutesfois la bride, comment qu'elle puiſſe eſtre faicte,n'aura pas telles perfections,n'eſtant conduite par l'e-
ſprit ſçauant & bien experimenté en ceſt exercice, & ſecondé de la main ſubtile &
diligente, meſmes ſi le naturel du cheual contraire directement aux bons remedes
de l'art: à cauſe dequoy, ie ne fais nul doute, que tel qui ne ſera pas des plus ſçauans
Caualerices, ayant recherché en ces preceptes les moyens de contraindre le cheual,
(par la violence de quelques mords eſtranges, & rude) en ce qui ne ſe doit par raiſon
eſperer,& n'eſtant peu paruenir à ſon deſir deſmeſuré,il ne demeure aucunesfois mal
edifié de moy: ſur quoy ie veux de nouueau confirmer les proteſtations deſia faictes

en

en diuers lieux , que mon intention n'a pas esté d'adresser ce mien labeur , que seulement à ceux qui seront assez sçauants , pour ioindre & accommoder auec prudence
l'artifice representé par toutes les figures de ces derniers traictez, aux reigles & leçons
des deux Liures precedents, sçachant bien qu'il n'appartient point à d'autre d'en comprendre & receuoir le contentement & l'vtilité qui en peut naistre.

P o v r estre plus confirmé en l'asseurance qu'on doit auoir , que les effects plus
necessaires, & qui se peuuent premediter , aux proportions des brides bien considerees sont incertains , & le plus souuent inutiles, n'estans appropriez par vn clair
iugement, au bon estat d'obeyssance & de manege, auquel le cheual doit estre auparauant reduit, auec le canon simple & le cauesson, le cheualier pourra facilement
voir , en l'experience de toutes les raisons susdites, que si le cheual de sa nature, ou
à faute d'auoir esté bien exercé , est paresseux, mal disposé d'haleine , ou subiect à
estre saisy d'apprehension craintiue, ou d'extreme fougue, sans doute, estant longuement recherché de quelque effort , on luy verra ouurir & tourner la bouche, alterer
grossir , & noircir la langue, enfler ou renuerser les leures, & mesmes auancer le nez,
roidissant le col, & tirant durement les rennes , pour s'opposer à l'action de la main
du cheualier, ou s'abandonner pesantement sur l'appuy d'icelle : & contre ces vices naissans ainsi de difficulté de respiration , de poltrone ou debile lassitude, de ti-
midité , de crainte extraordinaire , ou de grande inquietude, l'artifice de la bride, en
quelque sorte qu'elle puisse estre faicte, demeurera presque sans aucun bon effect.
Au contraire, si par l'art & la patience, le cheual a esté desia gaigné, fortifié, facilité,
& en fin rendu paisible, attentif & asseuré aux actions & mouuements du bon Caualerice, en bonne haleine, en facile obeyssance d'escole, & aussi conserué en esquine
& allegresse supportable, sans la doute la bouche se pourra trouuer en l'exercice, fermee, droicte & fraische par la iuste situation de l'emboucheure bien ordonnee : & la
teste auec le col, en belle & legere posture, par l'action ramenante, & le soustien de
la branche bien proportionnee de tour & de longueur, mesmement par l'appuy de
la bonne gourmette iustement arresté en son lieu de la barbe necessairement limité:
c'est mon but principal & commun en cest art, auquel tout exprez i'ay voulu reuenir
pour faire ceste fin.

Par grand labeur & patience
S'acquiert ceste belle science,
Et sans ces deux moyens parfaicts
On n'en peut voir les beaux effects.

Fin du Troisielme Liure.

k

TABLE DV TROISIESME LIVRE
DES PRECEPTES DV SIEVR
DE LA BROVE.

Fin de la table du troisiesme Liure.

PRIVILEGE DV ROY.

ENRY par la grace de Dieu Roy de France & de Nauarre. A nos amez & feaux Conseillers, Les gens tenans nos Cours de Parlement, Preuost de Paris, Bailly de Roüan, Seneschaux de Lyon, Thoulouse, Bordeaux, & Poictou, ou leurs Lieutenants, & à tous nos autres Iusticiers & Officiers qu'il appartiendra, Salut. Nostre bien amee Françoise de Louuain, vesue de feu Abel l'Angelier, viuant marchant Libraire iuré en nostre ville & vniuersité de Paris, nous a faict remonstrer, qu'ayant ledit deffunct en vertu de nos Lettres de permission faict imprimer vn Liure intitulé *Le Caualerice François, Composé par Salomon de la Broue*, seroit aduenu son decez ; puis lequel, afin qu'elle ne fust frustree des labeurs du deffunct, nous luy aurions conceé, continué & confirmé les mesmes permissions d'imprimer octroyees audit deffunct. Et dautant qu'auec beaucoup de soin, & à grands frais elle auroit iceluy faict reuoir, corriger, & augmenter de plusieurs leçons & corrections du mesme Autheur, lequel Liure elle desireroit volontiers faire reimprimer auec lesdites corrections & augmentations : Mais craignant qu'autres Libraires & Imprimeurs voulussent faire le semblable sous pretexte dudit changement, correction & augmentation, & par ce moyen la priuer du fruict qu'elle s'estoit promis de ses labeurs & despens, elle nous a tres-humblement supplié & requis luy vouloir octroyer nos Lettres necessaires. A ces causes desirant bien & fauorablement traicter ladite veufue l'Angelier, & qu'elle puisse tirer la recompense du bien que le public reçoit de son trauail & despense : Avons permis & octroyé, permettons & octroyons par ces presentes à ladite veufue l'Angelier de reimprimer, ou faire reimprimer de nouueau, vendre & distribuer par tout nostre Royaume, pays, terres & seigneuries de nostre obeyssance le Liure cy-dessus mentionné, en toutes les formes & manieres que bon luy semblera, auec lesdites additions & augmentations ; faisans tres-expresses inhibitions & deffenses à tous autres de quelque qualité qu'ils soient ou puissent estre de les imprimer, vendre, ny distribuer sous pretexte de quelque addition, changement ou deguisement ; sinon ceux qui auront esté & seront imprimez par ladite veufue l'Angelier, ou de son vouloir & consentement ; Et ce pour le temps & terme de dix ans, à conter du iour que ledit Liure aura esté acheué de reimprimer : declarans à ces fins tous les autres exemplaires quels qu'ils soient, ou puissent estre, acquis & confisquez à ladite veufue l'Angelier, lesquels elle pourra faire saisir, nonobstant oppositions ou appellations quelconques, pour lesquels ne voulons estre differé, & outre seront les contreuenans multez de telles amandes que les iuges aduiseront. Si vous mandons, & à chacun de vous commettons que du contenu en ces presentes vous faictes iouyr & vser ladite veufue durant ledit temps, cessant & faisant cesser tous troubles & empeschemens au contraire. Voulons en outre qu'en mettant au commencement, ou à la fin dudit Liure le contenu au present Priuilege, il soit tenu pour deuëment signifié. Et pource que de ces presentes l'on pourra auoir affaire en plusieurs & diuers lieux, nous voulons qu'au vidimus d'icelles faict sous le seel Royal, ou par l'vn de nos amez & feaux Conseillers, Notaires & Secretaires, foy soit adioustee comme au present original. Car tel est nostre plaisir. Donné à Paris le 7. iour d'Auril, l'an de grace mil six cens dix, & de nostre regne le vingt-vniesme.

Par le Roy en son Conseil,

DESPORTES

achepté a montpellier le iiij Feb. 1656 par moy

www.ingramcontent.com/pod-product-compliance
Ingram Content Group UK Ltd.
Pitfield, Milton Keynes, MK11 3LW, UK
UKHW020003100726
13658UKWH00002B/782